ZIELONE KOKTAJLE

Na stronach 158-159 wykorzystano zdjęcia: Melica – Fotolia.com (talerz z pokrzywami), Le Do – Fotolia.com (nasturcje), yumehana – Fotolia.com (fiołki), Alexander Raths – Fotolia.com (mlecz), alex555 – Fotolia.com (lubczyk), Diana Talion – Fotolia.com (szczaw), Scisetti Alfio – Fotolia.com (stokrotka), cerealphotos/Istockphoto (koniczyna), Jazzu/Istockphoto (koniczyna z prawej), han3617/Istockphoto (lawenda).

Autorzy zdjęć i stylizacji – Alina i Przemysław Pochylscy
Redakcja i korekta – Beata Horosiewicz, Marzenna Plewa-Dziurdzia
Projekt oraz realizacja okładki – Hanna Polkowska
Projekt graficzny wnętrza – Hanna Polkowska
Opracowanie komputerowe wnętrza – Przemysław Pochylski, Hanna Polkowska, Alicja Kaczmarek
Edycja materiału fotograficznego – Zbigniew Wera, Przemysław Pochylski, Marek Nitschke
Redakcja techniczna – Zbigniew Wera

ISBN 978-83-245-2142-5

publicat
WYDAWNICTWO

jest znakiem towarowym Publicat S.A.

PUBLICAT S.A.
61-003 Poznań, ul. Chlebowa 24
tel. 61 652 92 52, fax 61 652 92 00
e-mail: publicat@publicat.pl
www.publicat.pl

Zielone koktajle

publicat
WYDAWNICTWO

SPIS TREŚCI

Wstęp

Przepisy na koktajle rządzą się swoimi prawami. W książce podajemy, tak jak robi się to w przypadku innych receptur, spis składników, ale zazwyczaj nie wyszczególniamy gramatury produktów, gdyż nie jest to konieczne. Większość przepisów uwzględnia ilość na dwie porcje. Trudno przewidzieć dokładną gramaturę gotowego koktajlu ze względu na różną wielkość owoców, warzyw, stopień ich soczystości, porę roku itp. Zazwyczaj otrzymamy 300-600 ml płynu.

Nie trzeba jednak idealnie odwzorować podanego spisu, aby uzyskać pyszny napój. Gdy po spróbowaniu okaże się, że smak ci nie odpowiada, możesz go zmodyfikować, dodając kolejny składnik, bardziej rozcieńczając uzyskaną mieszankę lub doprawiając ją według uznania. W tworzeniu nowych smaków ogranicza nas tak naprawdę tylko własna wyobraźnia. Inspiruj się zamieszczonymi przepisami, działaj samodzielnie, miksuj na zdrowie, a po pewnym czasie zdobędziesz doświadczenie w łączeniu produktów i stworzysz własne receptury na smaczne koktajle.

Oddajemy w twoje ręce 365 przepisów, które pomogą ci znaleźć taką inspirację i zachęcą do miksowania koktajli w różnych kombinacjach, smakach, o rozmaitych właściwościach i zastosowaniach. Zanim zabierzesz się do pracy, przeczytaj, proszę, kilka uwag i wskazówek, które pozwolą ci uniknąć niepowodzeń i wzbogacą twoją wiedzę o proste rady, ułatwiające przygotowywanie koktajli.

DLACZEGO WARTO PIĆ KOKTAJLE ZE ZMIKSOWANYCH WARZYW I OWOCÓW?

Mogą zastąpić praktycznie każdy posiłek.

Ich przygotowanie wymaga niewiele czasu, więc łatwo i szybko uzyskasz własną bombę witaminową.

Posiłek w płynie jest wygodny i pozwala na szybsze dostarczenie organizmowi substancji odżywczych.

Koktajle umożliwiają spożywanie różnorodnych substancji odżywczych i składników, które rzadziej uwzględniamy w swoim codziennym jadłospisie.

Zielone koktajle oczyszczają organizm z toksyn, usuwają złogi z układu pokarmowego, dodają energii i wigoru, a przy tym smakują wyśmienicie.

Trawienie zmiksowanej potrawy odbywa się szybciej niż stałego pożywienia, gdyż zanim trafi do żołądka, jej składniki są już poddane wstępnej obróbce. Dzięki temu po wypiciu koktajlu czujemy się lekko i nie jesteśmy objedzeni.

CO TO SĄ ZIELONE KOKTAJLE?

Zielone koktajle to zielonolistne warzywa zmiksowane z owocami do jednolitej konsystencji. Wypicie takiego napoju jest prostym sposobem na zwiększenie ilości zieleniny w codziennym jadłospisie. Zielone warzywa liściaste zawierają cenne składniki odżywcze, między innymi chlorofil wspomagający oczyszczanie organizmu, a także kwas foliowy i enzymy roślinne. Spożyte w postaci płynnej, natychmiast trafiają do organizmu i nie tracą nic ze swojej wartości. Wzmacniają układ odpornościowy oraz zapobiegają wielu chorobom, a nawet wspomagają ich leczenie. Zielone koktajle mogą zastąpić pełnowartościowy posiłek, zwłaszcza jeśli wzbogacimy ich skład o superżywność – pełnego białka naturalnego źródła zdrowych tłuszczów roślinnych.

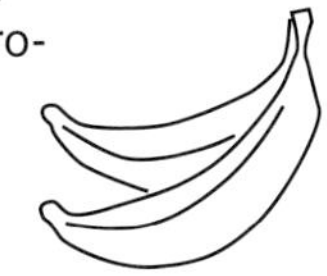

CZYM I W JAKI SPOSÓB MIKSOWAĆ KOKTAJLE?

Tak naprawdę sprzęt nie powinien cię ani ograniczać, ani być wymówką. Oczywiście, słaby blender czy mikser nie poradzi sobie z twardszymi składnikami, ale jeśli taki posiadasz, musisz po prostu pamiętać o kilku prostych zasadach:

– blender kielichowy zmiksuje większość składników lepiej niż ręczny, ale tym drugim łatwiej i szybciej przygotujesz małą porcję koktajlu z miękkich składników;

– jeżeli masz blender o małej mocy, musisz rozdrobnić warzywa i owoce przed miksowaniem: zetrzeć korzeń imbiru, pokroić warzywa korzeniowe na cząstki, namoczyć wcześniej orzechy; nie miksuj też lodu czy mrożonek;

– jeśli koktajl nie ma gładkiej konsystencji i wyczuwasz w nim wyraźne grudki, spróbuj miksować pulsacyjnie, przedłużyć czas miksowania lub zastosować następującą radę: łącz zieleninę i twarde części składników z minimalną ilością płynu i dopiero po uzyskaniu jednolitej papki dodaj pozostałe składniki, a na koniec uzupełnij resztą płynu;

– koktajli nie należy miksować zbyt długo, gdyż rośliny podgrzewają się i tracą część enzymów oraz składników odżywczych – najbardziej optymalny czas to 30 sekund do 3 minut, w zależności od rodzaju sprzętu.

Idealny do koktajli jest mikser kielichowy o takiej mocy, że bez problemu poradzi sobie z lodem, zamrożonymi owocami, warzywami korzeniowymi czy twardą zieleniną, na przykład jarmużem. Powinien zmiksować koktajl do kremowej, gładkiej konsystencji, bez wyczuwalnych grudek i kawałków wymagających pogryzienia, a przy tym zrobić to szybko, aby składniki się nie podgrzały, oraz w miarę cicho. Najlepiej, kupić sprzęt łatwy do umycia i z wymiennymi kielichami do różnej pojemności wsadu lub taki, który poradzi sobie z małą ilością koktajlu mimo dużego pojemnika. Dobrym rozwiązaniem są przezroczyste naczynia, przez które można obserwować stopień zmiksowania.

JAKICH OWOCÓW I WARZYW UŻYWAĆ DO KOKTAJLI?

Ważną sprawą jest pochodzenie składników oraz stopień ich dojrzałości.

1. Używaj zawsze świeżych owoców. Nie sięgaj po owoce konserwowe ze względu na toksyczne substancje znajdujące się w puszkach oraz cukier dodawany do syropu. Możesz skorzystać z owoców mrożonych lub suszonych bez słodzików i konserwantów. O ile to możliwe, staraj się kupować organiczne, surowe produkty. Warzywa i owoce warto jeść świeże, gdyż podczas obróbki termicznej składniki odżywcze giną częściowo lub całkowicie. Enzymy są aktywne tylko w nieprzetworzonym pokarmie.

2. Używaj zawsze dojrzałych owoców i warzyw. Tylko takie są słodkie, łatwe do strawienia i mają idealny zestaw składników odżywczych. Dopiero

w procesie dojrzewania duża ilość skrobi zawarta w owocach zamienia się w cukry, których trawienie odbywa się o wiele szybciej.

CO Z PESTYCYDAMI?

Większość owoców i warzyw, które kupujemy, zawiera niestety pestycydy przenikające do wnętrza przez skórkę. Trudno ich uniknąć nawet w uprawie ogródkowej, ale największe ilości znajdują się w owocach sprowadzanych z daleka. Pamiętaj jednak, że korzyści z ich spożywania są zdecydowanie większe niż ewentualne zagrożenia substancjami toksycznymi. Najzdrowszą żywnością są właśnie świeże, surowe oraz nieprzetworzone owoce i warzywa, pełne witamin, przeciwutleniaczy, mikroelementów i polifenoli. Lepiej więc jeść i miksować owoce z pestycydami niż nie jeść ich wcale!

Możesz zminimalizować negatywne skutki stosowania przy uprawie środków ochrony roślin, pozbywając się chociaż części zanieczyszczeń z warzyw i owoców.

JAK USUNĄĆ ZANIECZYSZCZENIA Z OWOCÓW I WARZYW?

Dzisiejsze środki ochrony roślin zabezpieczają je przed deszczem czy działaniem innych czynników atmosferycznych, więc zwykła woda nie wystarczy, aby pozbyć się zanieczyszczeń. Jak więc usunąć bakterie, pasożyty czy pestycydy z powierzchni warzyw i owoców?

1. Podstawową zasadą jest opłukanie w wodzie z odczynem alkalicznym. Potrzebujemy do tego specjalnego środka lub w domowych warunkach sody oczyszczonej. Najpierw płuczemy owoce i warzywa kilka minut w roztworze wody z octem lub kwaskiem cytrynowym, pozbywając się bakterii, a potem w roztworze sody, oczyszczając je z pestycydów.

Następnie myjemy pod bieżącą wodą i dopiero wtedy mamy pewność, że znaczna część powierzchniowych zanieczyszczeń została usunięta. W przypadku warzyw korzeniowych możemy dodatkowo użyć szczotki do szorowania.

2. Drugą metodą usuwania zanieczyszczeń jest obieranie warzyw i owoców ze skórki. Ponieważ w ten sposób pozbywamy się części wartości odżywczych, metoda ta sprawdza się najlepiej wobec owoców, których skórek i tak nie spożywamy, na przykład awokado, ananasa, mango czy banana. Pamiętaj, że przed obraniem warto je umyć, aby nie roznosić zanieczyszczeń.

DLACZEGO WIĘCEJ NIE ZNACZY LEPIEJ?

Duża liczba składników w koktajlach raz na jakiś czas nie zaszkodzi, nie miksuj jednak codziennie wybuchowych mieszanek, gdyż układ pokarmowy gorzej sobie z nimi radzi. Różne gatunki owoców, warzyw, ziaren czy orzechów mają inne czasy trawienia, więc łączenie zbyt wielu obciąża żołądek i jelita, co może spowodować dyskomfort lub dolegliwości ze strony przewodu pokarmowego.

Dla dobrego smaku wystarczą miksy dwu- lub trzyskładnikowe albo zielenina z jednym gatunkiem owocu. Najwięcej ciekawych smaków daje zestawienie zielonolistnego warzywa i dwóch owoców, czyli tak zwane koktajle trójskładnikowe, które dokładniej opisujemy na s. 32-35. Prostota jest zawsze najlepsza.

CZY TRZEBA DODAWAĆ PŁYNY DO KOKTAJLI?

Teoretycznie nie, zwłaszcza gdy używasz bogatych w wodę owoców, jak cytrusy, arbuzy czy melony, i chcesz osiągnąć deserowy efekt musu, kremu albo lodów. Dodajemy jednak płyny z kilku powodów:

– zdecydowanie łatwiej miksuje się koktajl,

– rozcieńczony jest smaczniejszy i ma lepszą konsystencję,

– uzyskuje się większą objętość,

– do rozcieńczenia możesz zastosować dowolną wodę: mineralną, gazowaną, jeśli lubisz, a nawet z kranu.

Koktajl można wzbogacić też o inne płyny niż woda, na przykład wodę kokosową, świeżo wyciskane soki, mleka roślinne, co gorąco polecamy. Napój ma wówczas dodatkowe wartości odżywcze i jest pyszny, nawet bez owoców o zdecydowanym smaku.

JAK ZROBIĆ SAMODZIELNIE MLEKO ROŚLINNE?

Mleko roślinne możesz kupić w sklepie, lepiej jednak zrobić je samodzielnie. To łatwe i tanie. Przygotowujemy je, miksując z wodą namoczone orzechy, ziarna czy pestki. Ważne jest zachowanie odpowiedniej proporcji: szklanka składników stałych na 4 szklanki wody. Zmiksowane mleko, a właściwie napój przypominający mleko, przelewamy przez gazę, odciskamy, pozostawiając wytłoczyny. Do koktajli możemy nawet użyć płynu bez odcedzania. W ten sposób go zagęścimy i wzbogacimy o zdrowe tłuszcze.

Przykładowe propozycje mleka roślinnego (proporcja 1:4):

- mleko kokosowe – wiórki kokosowe, miąższ z kokosa, mąka kokosowa,
- mleko migdałowe – migdały ze skórką lub blanszowane, płatki migdałowe, mąka migdałowa,
- mleko ryżowe – ugotowany lub surowy ryż, płatki ryżowe,
- mleko owsiane – płatki lub otręby owsiane, ziarno owsa,
- mleko sezamowe – sezam,
- mleko słonecznikowe – pestki słonecznika,
- mleko dyniowe – pestki dyni,
- mleko laskowe – orzechy laskowe w całości, zmielone albo kruszone,
- mleko włoskie – orzechy włoskie,
- mleko nerkowe – orzechy nerkowca,
- mleko orzechowe – mieszanka orzechów: brazylijskie, makadamia, laskowe, włoskie, nerkowca, migdały itp.,

- mleko jaglane – płatki jaglane, ugotowana kasza jaglana,
- mleko amarantusowe – ugotowane ziarno amarantusa,
- mleko quinoa – ugotowane ziarno komosy ryżowej.

Technik moczenia i miksowania jest wiele. Można użyć wody z kranu albo przegotowanej, gorącej, letniej lub zimnej. Każda metoda pozwala zrobić smaczne mleko. Samo w sobie jest ono mało wyraziste, warto więc wzbogacać jego smak o takie składniki, jak sól, cynamon, miód, wanilia, syrop klonowy lub inne.

JAK ZROBIĆ SAMODZIELNIE INNE SKŁADNIKI KOKTAJLI?

PASTA TAHINI – możesz przygotować ją samodzielnie, jeśli posiadasz wysokiej klasy urządzenie blendujące. Zmiksuj podprażony wcześniej biały sezam do konsystencji pasty. Trwa to jakiś czas, bo sezam musi zacząć wydzielać olej, ale bez problemu sobie poradzisz przy odrobinie cierpliwości. Tahini nadaje pyszny chałwowy posmak koktajlom i deserom, jest bogatym źródłem wapnia i magnezu.

OCET JABŁKOWY – zrobisz go, fermentując jabłka. Należy zachować odpowiednią higienę, aby nie spleśniały. Możesz użyć pokrojonych jabłek lub pulpy pozostałej po wyciśnięciu soku, a nawet ogryzków. Należy zalać wszystko wodą z miodem (łyżeczka miodu na każdą szklankę wody) i przykryć naczynie ściereczką. Przechowujemy w temperaturze pokojowej, mieszając od czasu do czasu. Ocet jest gotowy po upływie około miesiąca.

Pomaga zgubić zbędne kilogramy, gdyż pobudza produkcję soków żołądkowych i syntezę enzymów trawiennych, zwiększa uczucie sytości, usuwa toksyny oraz przyspiesza spalanie tłuszczów.

CO OZNACZAJĄ NIEKTÓRE SKŁADNIKI W PRZEPISACH?

ALOES – używaj tylko stuprocentowego soku z liści, a nie dosłodzonego czy rozcieńczonego napoju aloesowego.

MLEKO ROŚLINNE – możesz kupić taki napój w sklepie, zwracaj wówczas uwagę na skład, gdyż niektóre są niepotrzebnie dosładzane i konserwowane. Najlepiej przygotować je samodzielnie (zob. s.11). Jeśli używasz mleka krowiego lub innego zwierzęcego, spróbuj zastąpić nim mleko roślinne w niektórych koktajlach.

OLEJ KOKOSOWY – to olej nierafinowany, o smaku kokosowym, tłoczony bezpośrednio z kokosa, tak zwany extra virgin (zob. s. 20).

SPROSZKOWANA WANILIA – to sproszkowane ziarna z laski wanilii, bez dodatków. Możesz też użyć laski wanilii, ziarenek w całości albo ekstraktu waniliowego.

SPROSZKOWANY KORZEŃ IMBIRU – możesz zastąpić kawałkiem imbiru, jeśli masz mocny blender, który będzie w stanie go zmiksować.

TRUSKAWKI – jeśli używasz owoców z własnego ogródka albo znanego źródła i masz mocny blender, nie odrywaj szypułek: są one wartościowym dodatkiem, a w koktajlu zmiksują się i nie będą dominować; napój zyska więcej chlorofilu, a tobie ubędzie pracy.

WODA KOKOSOWA – używaj stuprocentowej wody z młodego kokosowca, nie napoju czy drinka kokosowego z minimalną zawartością wody z owoców (zob. s. 20).

ZDROWY SŁÓD – nie są nimi rafinowany biały czy brązowy cukier i przetworzone syropy. Jeśli chcesz używać zdrowych słodów, dosładzaj koktajl dojrzałymi i słodkimi owocami albo dodatkowo na przykład daktylami. Możesz też doprawić go miodem, stewią czy syropem klonowym. Biały proszek ze stewii to już przetworzona postać, lepiej więc korzystać z naturalnie słodkich liści tej rośliny. Zwracaj uwagę na skład produktów, aby nie było w nim niepotrzebnych i nienaturalnych komponentów.

Ziarna kakaowca – mogą być sproszkowane albo łuskane (zob. s.19).

DLACZEGO WARTO MOCZYĆ ORZECHY PRZED MIKSOWANIEM?

Jeśli tylko masz czas, namocz orzechy przed blendowaniem. Małe lub miękkie, na przykład nerkowca, wystarczy moczyć godzinę, inne wymagają jednak przynajmniej kilku godzin, a najlepiej zostawić je w wodzie na całą noc lub dobę. Moczone orzechy są:

– zdrowsze, gdyż proces ten pozbawia je inhibitorów enzymów, które zabezpieczają przed wczesnym kiełkowaniem,

– szybciej trawione i nie obciążają organizmu (zwłaszcza trzustki) produkcją własnych enzymów do niwelowania inhibitorów,

– miękkie i dużo łatwiej je zblendować, nawet mikserem kielichowym czy blenderem o małej mocy,

– smaczniejsze – koniecznie spróbuj.

CO TO JEST SUPERŻYWNOŚĆ I DLACZEGO WARTO JĄ DODAWAĆ DO KOKTAJLI?

Superżywność (ang. *superfoods*) to nieprzetworzone produkty, występujące w przyrodzie, które zawierają bardzo dużo cennych dla organizmu składników odżywczych. Wpływają na lepsze funkcjonowanie układu trawiennego, wspierają funkcje metaboliczne i intensywnie odżywiają.

Jeszcze niedawno takie nazwy jak: trawa pszeniczna i jęczmienna, spirulina, chlorella, jagody acai, jagody goji, nasiona chia, lucuma, sproszkowany korzeń maca, guarana, ziarna kakaowca, camu camu, olej kokosowy, woda kokosowa, ziarna konopi, amarantus, komosa ryżowa, brzmiały obco i trudno było dostać te produkty w sklepach. Teraz w większości dobrze zaopatrzonych marketów pojawiają się na półkach obok innych codziennych produktów, a w sklepach ze zdrową żywnością są już klasycznym zaopatrzeniem. Zwiększa się świadomość konsumentów, a więc także popyt na zdrowe wyroby spożywcze.

Większość superżywności jest importowana, ale w Polsce mamy też własne produkty tego typu, na przykład głóg, żurawinę, morwę, buraki, pyłek pszczeli (kwiatowy), kapustę kiszoną, miód, czosnek, kaszę jaglaną, kaszę gryczaną czy brokuły.

CZY SUPERŻYWNOŚĆ JEST SMACZNA?

Naturalne produkty charakteryzujące się nadzwyczajnymi właściwościami często są sprowadzane z zagranicy w postaci sproszkowanej lub suszonej. O ile suszone jagody goji smakują jak rodzynki, o tyle na przykład sproszkowane algi (typu spirulina czy chlorella) albo sproszkowana trawa jęczmienna bądź pszeniczna nie są zbyt smaczne. Konieczne bywa „ukrycie" ich trawiastego lub rybiego posmaku w innym pożywieniu i właśnie tutaj koktajle sprawdzają się idealnie. Wymieszanie niedużej ilości (1-2 łyżeczek) sproszkowanej i niesmacznej superżywności ze słodkimi, dojrzałymi i pełnymi aromatu owocami powoduje, że cały koktajl smakuje wyśmienicie, a przemycone superskładniki nie dominują.

CO NALEŻY WIEDZIEĆ O SUPERŻYWNOŚCI?

Chcemy zwrócić szczególną uwagę na produkty z tej grupy, które stosujemy w przepisach – warto je włączyć do codziennego jadłospisu z korzyścią dla zdrowia. Najlepiej kupować ekologiczne z organicznych upraw, gdyż wówczas mamy gwarancję dobrej jakości.

Do superżywności zaliczamy między innymi:

- sproszkowane algi: spirulinę i chlorellę,
- sproszkowane trawy: młody jęczmień i młodą pszenicę,
- suszone owoce, nasiona i ziarna: jagody goji, jagody acai, ziarna kakaowca, nasiona chia (szałwii hiszpańskiej), nasiona konopi, ostropest plamisty, siemię lniane, amarantus, komosę ryżową,
- produkty pochodzące z palmy kokosowej: olej kokosowy, wodę kokosową,
- suszone sproszkowane korzenie: maca i guarany, strąki karobu (mączki chleba świętojańskiego),
- pyłek pszczeli,
- inne: pestki moreli, czarnuszkę, czystek, żurawinę, zieloną kawę, zieloną herbatę, lucumę, camu camu, borówkę, kurkumę, suszony baobab.

ALGI: CHLORELLA I SPIRULINA

Numer jeden w oczyszczaniu organizmu. Regulują też jego funkcjonowanie i dodają energii. W jednym koktajlu można użyć obu w postaci sproszkowanej. Na rynku są też dostępne mieszanki funkcyjne łączące algi z innymi superproduktami.

CHLORELLA – mikroskopijnej wielkości zielona alga słodkowodna. Jej nazwa wzięła się od wysokiej zawartości chlorofilu. Ze względu na niego jest zaliczana do superżywności, choć składników odżywczych ma o wiele więcej, między innymi luteinę, wapń, żelazo i błonnik. Zawiera wszystkie potrzebne aminokwasy, nasycone i nienasycone niezbędne kwasy tłuszczowe, liczne witaminy, minerały i pierwiastki śladowe. Można ją zakupić w tabletkach lub sproszkowaną. Obie formy nadają się do koktajli, ale chlorellę w proszku łatwiej dozować i zmiksuje się niezależnie od jakości sprzętu.

Działanie:

- jest jedną z nielicznych roślin wchłaniających metale ciężkie z organizmu,
- wzmacnia odporność,
- poprawia pamięć i koncentrację,
- dotlenia mózg i cały organizm,
- wspomaga trawienie,
- przyspiesza gojenie się ran,
- chroni przed stanami zapalnymi,
- działa przeciwbakteryjnie, przeciwnowotworowo i bakteriobójczo.

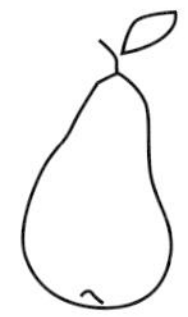

Idealny wybór dla: osób ze schorzeniami wątroby, nadużywających alkoholu czy nikotyny, mających problemy z układem pokarmowym oraz dla wszystkich potrzebujących regeneracji po chorobie, a także wzmocnienia układu immunologicznego.

Smak: jest niedobra, o posmaku glonów i ryb; jedyne rozwiązania to przyjmowanie tabletek lub zmiksowanie sproszkowanej chlorelli w koktajlach, których owocowy, słodki smak maskuje jej aromat.

SPIRULINA – niebieskawozielona alga morska lub słodkowodna. Ponad połowę jej składu stanowi pełnowartościowe białko z kompleksem 18 aminokwasów. Intensywnie barwi koktajle na zielono, a przyjmowana regularnie poprawia kondycję oraz funkcjonowanie organizmu. Zalecana dla sportowców i osób podejmujących wysiłek fizyczny oraz przy leczeniu anemii, ze względu na wysoką zawartość białka i łatwo przyswajalne żelazo. Inne jej ważne składniki to kwas foliowy, witaminy z grupy B i beta-karoten. Spirulina morska w przeciwieństwie do słodkowodnej jest bogata w jod, co działa korzystnie przy schorzeniach tarczycy.

Najlepiej używać ją w proszku. Znajduje zastosowanie nie tylko w kuchni, ale także w kosmetyce. Możesz z niego przyrządzić odżywcze maseczki do twarzy, ciała czy włosów, a także dodać do naturalnych domowych peelingów.

Działanie:

- pomaga zachować równowagę kwasowo-zasadową w organizmie,
- przyspiesza regenerację komórek,
- usprawnia działanie układu nerwowego,
- wspomaga utrzymanie prawidłowej flory bakteryjnej układu pokarmowego,
- jako silny antyoksydant działa przeciwnowotworowo,
- zwiększa odporność, wspomagając układ immunologiczny.

Smak: jest niedobra, przypomina pokarm dla rybek, a w zapachu wodę morską; łatwiejsza do spożycia jako składnik koktajlu.

ZIELONE MŁODE TRAWY: PSZENICZNA I JĘCZMIENNA

Można je nabyć w postaci sproszkowanych liści lub sproszkowanego soku uzyskanego z liści albo soku zamrożonego. Nie zawierają glutenu, są bogate w chlorofil i enzymy roślinne. Regularne ich spożywanie zwiększa pokłady energii i dodaje witalności, co zauważa się już po kilku dniach stosowania.

MŁODY JĘCZMIEŃ (trawa jęczmienna, zielony jęczmień) – to witaminowa bomba z beta-karotenem, witaminami A, C, E i z grupy B; zawiera też błonnik i aminokwasy oraz składniki mineralne, między innymi wapń, żelazo, potas, magnez, miedź i cynk; pomaga zwalczać szereg chorób i oczyszcza organizm.

Działanie:

- podnosi odporność organizmu,
- wzmacnia układ naczyniowy,
- reguluje pracę jelit,
- wspomaga wątrobę,
- likwiduje stany zapalne,
- obniża poziom cholesterolu we krwi,
- ma silne właściwości antyoksydacyjne: chroni przed nowotworami, opóźnia procesy starzenia, regeneruje organizm,
- pomaga w walce z nadwagą i zwiększa poziom energii.

Smak: przypomina trawę i jest trudny do zamaskowania niezbyt słodkimi owocami, dlatego należy go dodawać do koktajli z dojrzałych, soczystych i najlepiej wyrazistych w smaku owoców, soku owocowego lub mleka roślinnego.

MŁODA PSZENICA (trawa pszeniczna, zielona pszenica) – zawiera błonnik, witaminy A, C, E i z grupy B, liczne aminokwasy i składniki mineralne, jak wapń, magnez, żelazo, potas czy fosfor. Regularne dodawanie młodej pszenicy do zielonych koktajli trwale podnosi poziom energii, przeciwdziała wahaniom cukru we krwi, zapobiega niestrawności i wielu innym dolegliwościom układu pokarmowego.

Działanie:

- wspomaga detoks organizmu, pracę wątroby i układu krwionośnego,
- chlorofil w zielonych liściach przyczynia się do poprawy morfologii krwi, oczyszczenia i odbudowy czerwonych krwinek,
- poprawia trawienie, perystaltykę jelit oraz wspomaga metabolizm,
- leczy wrzody żołądka, wrzodziejące zapalenie jelita grubego, zaparcia, biegunki, a także inne choroby układu pokarmowego,
- wspomaga profilaktykę i leczenie chorób nowotworowych.

Smak: trawiasty, choć dla wielu znośny i neutralny; najlepiej zmiksować razem z owocami w koktajlach.

SUSZONE OWOCE, NASIONA I ZIARNA stanowią doskonałą przekąskę i często nie przychodzi nam do głowy, żeby je zmiksować w koktajlu. A tymczasem to świetny pomysł na wzbogacenie go o wartości odżywcze. Suszone dodatki są też wyraziste w smaku i pomagają dosłodzić lub doprawić napój. Ziarna, pestki i nasiona zawierają również pierwiastki śladowe, które w ten sposób łatwo uzupełnić w codziennej diecie. Można ich użyć także jako posypki – zwłaszcza jeśli ktoś nie lubi jednolitej konsystencji koktajli.

AMARANTUS (nazywany też szarłatem) – jedna z najstarszych roślin uprawnych świata, zboże o wysokich wartościach odżywczych i zdrowotnych. Zawiera dużą ilość białka, błonnika i minerałów (żelazo, wapń, fosfor, magnez, potas) oraz witaminy (A, C, E i z grupy B). Do koktajli stosuje się ekspandowane ziarna, które są smaczne jako dodatek bez miksowania. Można nimi posypać ulubiony koktajl lub przegryzać je w trakcie picia. Konsystencję ma podobną do innych preparowanych ziaren, ale są one dużo mniejsze, nadmuchane i lekko chrupiące.

Działanie:

- zmniejsza ryzyko miażdżycy i innych chorób układu krążenia,
- korzystnie wpływa na pracę jelit,
- ma właściwości przeciwstarzeniowe ze względu na dużą zawartość antyoksydantów.

Smak: lekko orzechowy, trochę gorzki.

JAGODY ACAI – owoce palmy brazylijskiej, świeże występują jedynie w dżungli nad Amazonką. Eksportuje się je w postaci proszku lub tabletek, ewentualnie soku z jagód. Do koktajli najlepiej stosować sproszkowane. Są one źródłem bardzo wielu witamin i składników mineralnych, dostarczają białek i aminokwasów, zawierają obfitość przeciwutleniaczy.

Działanie:

- przyspieszają metabolizm,
- wzmacniają i odżywiają organizm,
- mają właściwości regenerujące i mogą opóźnić proces starzenia,
- wspomagają walkę z nowotworami,
- usprawniają procesy oczyszczania.

Smak: bardzo podobny do zwykłych jagód, z lekko wyczuwalną nutką czekoladową.

JAGODY GOJI – owoce kolcowoju pospolitego (szkarłatnego, tybetańskiego). W krajach azjatyckich są znane od tysięcy lat i stosowane w celach leczniczych. Wyglądają jak czerwone podłużne rodzynki. Stanowią obfite źródło substancji odżywczych: białka i węglowodanów, tłuszczów nienasyconych omega 6, witamin (m.in. C, B_1, B_2, B_6 i E), minerałów (m.in. fosfor, wapń, żelazo, miedź, cynk, selen) oraz karotenoidów. Używa się ich w postaci suszonej. Dobre jako składnik koktajli, a także ozdobna posypka o intensywnym, czerwonym kolorze.

Działanie:

- odżywiają wątrobę i nerki,
- wzmacniają kości i mięśnie,
- regulują poziom cukru we krwi,
- redukują ciśnienie i poziom cholesterolu,
- wzmacniają odporność,
- wspomagają pracę mózgu i układu nerwowego,
- są przydatne w profilaktyce i leczeniu nowotworów,
- mają właściwości przeciwstarzeniowe.

Smak: słodko-gorzki, ale przyjemny.

KOMOSA RYŻOWA (quinoa) – ziarna wymagają obróbki termicznej przed dodaniem do koktajlu, ale z powodzeniem można wykorzystać pozostałości z obiadu, także z poprzedniego dnia. Komosa znakomicie zagęszcza koktajl i uzupełnia wartości odżywcze. Zawiera białko, zdrowe kwasy tłuszczowe i witaminy.

Smak: przypomina kaszę, ale komponuje się idealnie zarówno z daniami wytrawnymi, jak i słodkimi.

NASIONA CHIA (ziarna szałwii hiszpańskiej) – małe nasionka znane w Ameryce Południowej od dawna, cenione przez Azteków jako pokarm dodający mocy, poprawiający wydajność ciała i bystrość umysłu. Mają niesamowitą właściwość absorpcji płynów i namoczone zwiększają objętość dziewięciokrotnie. Doskonałe jako zagęszczacz do koktajli czy składnik puddingu. Zawierają dużą ilość błonnika, są bogatym źródłem wapnia, magnezu, potasu, żelaza oraz witamin (A, C, E i z grupy B), a także kwasów omega 3 i omega 6 w idealnych proporcjach.

Działanie:

- wspomagają procesy trawienne i układ pokarmowy,
- wspomagają pracę mózgu: poprawiają pamięć i koncentrację,
- korzystnie wpływają na układ nerwowy: uspokajają, łagodzą objawy depresji,
- zapobiegają chorobom serca i nadciśnieniu.

Smak: są go pozbawione, a namoczone smakują płynem, w którym się moczyły (mlekiem, sokiem czy wodą).

OSTROPEST PLAMISTY – znany od tysięcy lat środek leczniczy, działa zwłaszcza na wątrobę. Jego owoce zawierają bezcenną sylimarynę – na bazie ostropestu wytwarza się większość leków regenerujących i wspierających pracę wątroby. W zmielonej formie nasiona dodajemy bezpośrednio do koktajlu lub stosujemy jako posypkę.

Działanie:

- oczyszcza z toksyn, odtruwa i osłania wątrobę,
- wykazuje silne działanie przeciwnowotworowe i przeciwstarzeniowe,
- obniża poziom cholesterolu,
- zwiększa odporność.

Smak: lekko gorzki, ale dobry; przypomina inne zmielone ziarna, jak słonecznik czy dynia.

SIEMIĘ LNIANE – nasiona lnu są bogatym źródłem kwasów omega 3, błonnika, zawierają też minerały i witaminy (zwłaszcza E). Warto je dodawać jak najczęściej do koktajli w postaci świeżo zmielonych ziaren.

Działanie:

- regenerują układ pokarmowy,
- wykazują silne właściwości przeciwmiażdżycowe, przeciwnowotworowe i przeciwzapalne.

Smak: delikatny i łagodny; zmielone ziarna są niewidoczne i całkowicie niewyczuwalne w koktajlach.

ZIARNA KAKAOWCA – prawdziwe, surowe i naturalne, bez cukru i niezdrowych dodatków, nazywane „pokarmem bogów". Kakaowiec uprawiano już 1500 lat p.n.e., a Majowie i Aztekowie cenili jego ziarna nawet bardziej niż złoto, używając jako środka płatniczego. Mają niespotykaną koncentrację antyoksydantów, są nieocenionym źródłem magnezu, zawierają też żelazo, cynk i chrom oraz wiele innych substancji odżywczych.

Działanie:

- wspomagają walkę z wieloma chorobami dzięki dużej ilości silnych przeciwutleniaczy,
- hamują rozwój wolnych rodników,
- obniżają ciśnienie tętnicze, poprawiają krążenie krwi,
- zwiększają wydajność umysłu,
- wpływają korzystnie na nastrój, podnosząc poziom hormonów szczęścia,
- chronią przed stresem,
- są afrodyzjakiem.

Smak: podobny do gorzkiej czekolady.

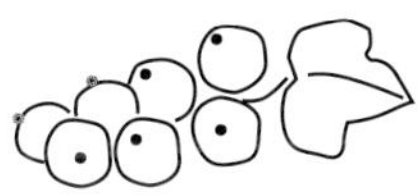

ZIARNA KONOPI – są bezglutenowe; mają unikatowy skład, idealną zawartość łatwo przyswajalnych białek i kwasów tłuszczowych od omega 3 do omega 6, kwas gamma-linolenowy, niedostępny w większości produktów spożywczych, aminokwasy, większość minerałów i witamin. Możemy je stosować jako składnik lub posypkę koktajlu.

Działanie:

- stymulują metabolizm,
- wzmacniają odporność,

- regenerują organizm,
- odbudowują mięśnie,
- eliminują toksyny z komórek,
- pobudzają funkcje mózgu.

Smak: łuskane ziarna konopi mają pyszny orzechowy aromat, podobnie jak orzeszki pinii lub ziarna słonecznika.

PRODUKTY POCHODZĄCE Z PALMY KOKOSOWEJ

OLEJ KOKOSOWY oraz **WODA KOKOSOWA** to bomby witaminowe o korzystnych właściwościach dla zdrowia i urody.

OLEJ KOKOSOWY – tłuszcz pozyskiwany z miąższu kokosa, tłoczony najlepiej na zimno i nierafinowany. Używaj produktów *extra virgin* do koktajli o smaku i zapachu kokosa. Dodatek nawet łyżeczki oleju przyspiesza metabolizm i zaspokaja głód.

Działanie:

- usprawnia wydzielanie insuliny oraz uwrażliwia na nią nasze komórki, dzięki czemu jest bardzo korzystnym składnikiem koktajli, zwłaszcza dla diabetyków;
- wspomaga kontrolowanie masy ciała za sprawą cząsteczek tłuszczu zwanych trójglicerydami średniołańcuchowymi (MCT); są one trawione i metabolizowane inaczej niż pozostałe tłuszcze: organizm zużywa je do produkcji energii, a nie magazynuje w komórkach tłuszczowych.

WODA KOKOSOWA – pochodzi z wnętrza orzecha kokosowego, najlepiej młodego: im młodszy kokos, tym więcej ma wody. Ze względu na niezwykły skład i wartości odżywcze często nazywana jest płynem życia. Bogata w witaminy (C i z grupy B), minerały (potas, magnez, wapń i fosfor) oraz kwasy, szczególnie laurynowy, występujący również w kobiecym mleku. Nie zawiera tłuszczów. Poziom elektrolitów jest w niej prawie taki sam jak w osoczu ludzkiej krwi. Stanowi naturalny izotonik.

Działanie:

- wzmacnia odporność,
- korzystnie wpływa na pracę serca i układu krwionośnego,
- pomaga w chorobach układu trawiennego, nerwowego i moczowego.

Smak: raczej neutralny, bez posmaku kokosa; delikatnie słodko-kwaśny.

SUSZONE SPROSZKOWANE KORZENIE

Do superżywności zaliczamy też kurkumę i imbir, ale skupimy się tutaj na opisie tych mniej znanych, jak guarana, korzeń maca czy karob.

GUARANA – sproszkowana postać nasion owoców guarany. Składniki w nich zawarte, a zwłaszcza guaranina i kofeina, stymulują układ nerwowy, pobudzając silniej niż kawa. Działanie usuwające zmęczenie porównywalne jest z tym, które osiągamy po kofeinie, jednak bardziej długofalowe i pozbawione skutków ubocznych. Efekty spożycia guarany utrzymują się do sześciu godzin.

Działanie:

- zwiększa czujność psychiczną,
- poprawia nastrój i pamięć,
- podnosi wytrzymałość oraz odporność fizyczną i psychiczną,
- przyspiesza regenerację mięśni po wysiłku fizycznym.

Smak: lekko cierpki; w koktajlach proszek nie rozpuszcza się do końca, ale w połączeniu ze zmiksowanymi owocami i warzywami jest niewyczuwalny.

KORZEŃ MACA – to żywność pochodząca z peruwiańskich Andów. Zawiera niemal wszystkie z dostępnych aminokwasów, a także kwasy tłuszczowe, witaminy (C i z grupy B) oraz składniki mineralne (żelazo, selen, cynk, mangan, bor, miedź). Warto dodawać sproszkowany korzeń maca do koktajli, zwłaszcza gdy chcemy odżywić oraz wzmocnić ciało i umysł, a także w stanach osłabienia, dużego stresu i niskiego libido.

Działanie:

- wzmacnia fizycznie organizm,
- ma właściwości energetyzujące,
- uodparnia na stres,
- poprawia sprawność intelektualną, pamięć i koncentrację,
- działa antydepresyjnie,
- poprawia libido.

Smak: delikatny, orzechowy, trochę ostry, niewyczuwalny w koktajlach z intensywnymi w smaku owocami.

STRĄKI KAROBU – zmielone strąki z drzewa karobu to mączka chleba świętojańskiego, bogata w odżywcze wartości i będąca idealnym zamiennikiem kakao. Zawiera magnez, potas, żelazo, błonnik i białko oraz naturalny cukier. W przeciwieństwie do kakao nie ma kofeiny i teobrominy, nie uzależnia więc i nie powoduje alergii. Używaj go w koktajlach wymiennie z kakao – z tym dodatkiem są pyszne i słodkie.

Działanie:

- korzystnie wpływa na układ trawienny,
- przyspiesza metabolizm,
- reguluje poziom cukru we krwi.

Smak: jak słodka czekolada czy słodkie kakao.

PYŁEK PSZCZELI (PYŁEK KWIATOWY)

Zawiera wszystkie potrzebne organizmowi składniki odżywcze: aminokwasy, węglowodany, tłuszcze, enzymy, witaminy i pierwiastki. W koktajlach jest rozdrobniony i namoczony, więc dużo lepiej się wchłania niż jedzony samodzielnie. Najlepiej jednak kupić go bezpośrednio od pobliskiego pszczelarza.

Działanie:

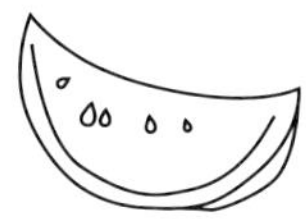

- znakomicie wzmacnia odporność,
- usuwa zmęczenie,
- wzmaga koncentrację,
- alkalizuje organizm.

Smak: intensywny, lekko słodki, mączny, zdarzają się odmiany gorzkawe; najlepiej komponuje się w słodkich koktajlach.

CZYM ZASTĄPIĆ NIEKTÓRE SKŁADNIKI W PRZEPISIE W RAZIE ALERGII?

Jeśli jesteś uczulony na którykolwiek składnik koktajlu, pomiń go. Gdy jest kluczowy, spróbuj go zastąpić innym. Dla uzyskania odpowiedniej konsystencji zamiast banana możesz dać awokado. Jeśli alergizujący składnik stanowi słodzący dodatek, użyj jako zamiennika słodkiego owocu, na przykład świeżych daktyli, melona czy mocno dojrzałych owoców sezonowych. Każdy owoc możesz spróbować wymienić na inny z tej samej grupy.

Gdy w składnikach występuje miód, syrop klonowy czy daktyle, to możesz je zamienić na przykład na cukier kokosowy, syrop daktylowy lub inny zdrowy słód. Użyj tego, który najbardziej lubisz.

Idealnym zamiennikiem ziaren kakaowca dla tych, którzy są na nie uczuleni, jest mączka chleba świętojańskiego, czyli karob.

JAK PRZEKONAĆ MAŁE DZIECI DO PICIA KOKTAJLI?

Najczęściej nie trzeba ich przekonywać. Gdy koktajl jest słodki i smaczny, chętnie go wypiją, tym bardziej warto wówczas przemycać zdrowe, ale nielubiane składniki.

Najtrudniej jest zachęcić dzieci do picia koktajli z zielonymi warzywami liściastymi, gdyż kolor ten na ogół nie kojarzy się z czymś pysznym. Co wtedy zrobić? Sprawdzonym sposobem jest miksowanie dużo większej ilości owoców niż zieleniny, a jeszcze lepszym – przemycenie choć kilku listków. Wówczas koktajl zniknie w mgnieniu oka, podczas gdy próba dodania większej garści mogłaby się skończyć niepowodzeniem.

Owoce należy miksować dojrzałe, aby były słodkie i smaczne. Używaj tych, które dzieci lubią, a z zielonych warzyw liściastych wybieraj te o neutralnym smaku. Dobrze sprawdzają się banany, mango, jabłka czy sezonowe owoce jagodowe, a z zielonych liści: szpinak, roszponka lub sałata lodowa.

Kiedy dziecko polubi ten rodzaj posiłków, samo zacznie się dopominać o koktajle, a z biegiem czasu będzie można rozszerzać repertuar używanych składników i modyfikować ulubione przepisy. Pomóż dziecku własnym przykładem w zaakceptowaniu płynnych posiłków: pijąc koktajle. To zaprocentuje w przyszłości zdrowym sposobem odżywiania, gdyż najważniejsze nawyki jedzeniowe wynosi się z domu rodzinnego.

JAK PRZECHOWYWAĆ LUB ZABRAĆ ZE SOBĄ KOKTAJL?

Napój sporządzony z surowych składników powinno się w zasadzie wypić od razu. W pozostawionym na dłużej utleni się część witamin. Mimo to nadal będzie on pełen składników i nawet wtedy warto go spożyć. Co zrobić, jeżeli wypicie koktajlu bezpośrednio po przyrządzeniu jest z różnych powodów niemożliwe albo chcesz go zabrać do pracy, szkoły czy na trening? Możesz go przechowywać w lodówce lub przez krótki czas bez lodówki w szczelnie zamkniętym pojemniku (powinien być wypełniony po brzegi płynem). Najlepiej, aby był to szklany pojemnik – wówczas masz pewność, że żywe enzymy roślinne nie mają kontaktu na przykład z toksycznym plastikiem. Możesz zakupić modne ostatnio słoiki, specjalne pojemniki czy termosy albo wykorzystać butelkę po napoju, soku czy sosie pomidorowym. Przechowywany koktajl czasem traci smak czy estetyczny wygląd, zwłaszcza gdy utleni się w nim na przykład jabłko bądź banan. Ponieważ woda oddziela się od miąższu podczas przechowywania, trzeba zawsze wstrząsnąć pojemnikiem przed spożyciem.

KOKTAJLE NA ŚNIADANIE

ZAWSZE JEDZ ŚNIADANIE — TO NAJWAŻNIEJSZY POSIŁEK DNIA. NIE TYLKO DODA CI ENERGII, ALE SPRAWI, ŻE PRZEZ CAŁY DZIEŃ BĘDZIE PRAWIDŁOWO FUNKCJONOWAŁ METABOLIZM I NIE ODŁOŻY SIĘ TŁUSZCZ. ŚNIADANIE W FORMIE KOKTAJLU TO IDEALNE ROZWIĄZANIE NA SZYBKI I ZDROWY POSIŁEK, ZARÓWNO PRZED WYJŚCIEM Z DOMU, JAK I W DRODZE, W PRACY CZY W SZKOLE. PRZYGOTOWANIE ZAJMUJE MAŁO CZASU. MOŻNA USZYKOWAĆ SKŁADNIKI POPRZEDNIEGO DNIA, A RANO TYLKO ZMIKSOWAĆ, ALBO ZROBIĆ WSZYSTKO WIECZOREM, WSTAWIĆ KOKTAJL DO LODÓWKI I WYPIĆ PRZED WYJŚCIEM CZY ZABRAĆ ZE SOBĄ W POJEMNIKU.

KOKTAJLE Z PŁATKAMI

ŚNIADANIE MOŻESZ PRZYGOTOWAĆ W PIĘĆ MINUT, WYSTARCZY ZMIKSOWAĆ Z OWOCAMI ZDROWE PŁATKI ŚNIADANIOWE, NA PRZYKŁAD OWSIANE, JĘCZMIENNE, ORKISZOWE, ŻYTNIE, I DOPRAWIĆ KOKTAJL. ZAMIAST PŁATKÓW MOŻESZ TEŻ UŻYĆ OTRĘBÓW. TO NIC INNEGO JAK OTOCZKA ZIAREN ZBÓŻ. JEST W NICH DUŻO BŁONNIKA, TROCHĘ WITAMIN I SPORO MIKROELEMENTÓW.

OWSIANKA À LA SZARLOTKA

Składniki na 1-2 porcje:

**4 łyżki płatków owsianych, 2 jabłka,
1 banan, 2 łyżeczki cynamonu,
1/2 łyżeczki kardamonu, 250 ml mleka owsianego**

Obierz owoce ze skórki, z jabłek usuń gniazda nasienne. Zmiksuj wszystkie składniki do uzyskania jednolitej konsystencji. Śniadanie gotowe.

POMARAŃCZOWA OWSIANKA

Składniki na 1-2 porcje:

2 pomarańcze, 3 łyżki płatków owsianych, łyżeczka siemienia lnianego lub sezamu, łyżeczka startego korzenia imbiru, 150 ml wody, kilka rodzynek (opcjonalnie)

Wyciśnij sok z pomarańczy i zmiksuj wszystkie składniki, oprócz rodzynek. Dodaj je, jeśli chcesz uzyskać słodszy smak. Do tego koktajlu dobry jest sok wyciśnięty z pomarańczy, ale owoce można też obrać i zmiksować w całości. Jeżeli masz słaby blender lub mikser, siemię lniane albo sezam, zmiel wcześniej w młynku do kawy.

OWSIANKA POPRAWIAJĄCA PERYSTALTYKĘ JELIT

Składniki na 1-2 porcje:

kiwi, banan, 3 łyżki płatków owsianych, łyżeczka siemienia lnianego, 2 łyżeczki wiórków kokosowych, 200 ml mleka migdałowego, łyżeczka ksylitolu (opcjonalnie)

Obrane kiwi oraz banana zmiksuj z płatkami owsianymi, siemieniem lnianym i wiórkami kokosowymi. Uzupełnij mlekiem migdałowym i ponownie zmiksuj, aż koktajl będzie gładki. Możesz go dosłodzić ksylitolem.

JAGLANY MUS KAKAOWY

Składniki na 1-2 porcje:

3 łyżki płatków jaglanych, 6 orzechów nerkowca, dojrzały banan, 1/2 awokado łyżka naturalnego kakao (zmielonych ziaren kakaowca) lub karobu, 100 ml wody, sezonowe owoce do dekoracji

Z awokado wyjmij pestkę, wydrąż miąższ łyżką, zmiksuj z pozostałymi składnikami na idealnie kremowy mus. Jeśli masz więcej czasu, orzechy nerkowca namocz przed miksowaniem. Koktajl podawaj ozdobiony sezonowymi owocami.

ZIELONA GRYCZANKA

Składniki na 1-2 porcje:

4 łyżki płatków gryczanych, 3 jabłka, 1/2 główki sałaty, np. rzymskiej, 150 ml wody, kilka suszonych daktyli albo banan (opcjonalnie)

Obrane jabłka bez gniazd nasiennych zmiksuj z umytą sałatą i płatkami gryczanymi, uzupełniając wodą. Jeśli lubisz śniadania na słodko, dodaj kilka daktyli albo banana.

WANILIOWY MIKS ZBOŻOWY

Składniki na 1-2 porcje:

2 łyżki płatków żytnich, 2 łyżki płatków jęczmiennych, 250 ml mleka migdałowego z wanilią, łyżeczka cynamonu, łyżka miodu

Wszystkie składniki zmiksuj na gładki koktajl. Jeśli używasz zwykłego mleka migdałowego lub innego mleka roślinnego, wrzuć dodatkowo 1/2 łyżeczki sproszkowanych ziaren wanilii.

POMARAŃCZOWO-ANANASOWY SZEJK NA TRAWIENIE

Składniki na 1-2 porcje:

2 łyżki płatków żytnich, łyżeczka siemienia lnianego, 2 krążki świeżego ananasa grubości ok. 2 cm, szklanka soku wyciśniętego z pomarańczy

Zmiksuj wszystkie składniki. Koktajl będzie równie pyszny, gdy zamiast soku z pomarańczy użyjesz całego owocu i dolejesz szklankę wody.

ZIELONA JAGLANKA

Składniki na 1-2 porcje:

4 łyżki płatków jaglanych, garść szpinaku, 2 gruszki, szklanka mleka ryżowego

Umyj szpinak, gruszki obierz, usuń gniazda nasienne. Zmiksuj starannie wszystkie składniki. Koktajl smakuje także dzieciom. Gdy gruszki są mocno dojrzałe, jest bardzo słodki i sycący.

EKSPRESOWE ŚNIADANIE

Składniki na 1-2 porcje:

2 łyżki płatków orkiszowych, dojrzały banan, szklanka waniliowego mleka roślinnego, np. owsianego, ryżowego, migdałowego

Zmiksuj wszystkie składniki. Dojrzały banan nadaje koktajlowi słodki smak. Szybko, prosto i zdrowo.

ZIELONE KOKTAJLE TRÓJSKŁADNIKOWE

ZIELONY KOKTAJL, CZYLI ZIELONOLISTNE WARZYWA ZMIKSOWANE Z OWOCAMI, TO BOMBA WITAMINOWA, A PRZY TYM PROSTE, SZYBKIE I ŁATWE DANIE. ŚNIADANIE PRZYGOTUJESZ W MIG I POTRZEBUJESZ DO NIEGO TYLKO TRZECH PRODUKTÓW: ZIELONYCH LIŚCI ORAZ DWÓCH GATUNKÓW OWOCÓW. TAKI MIKS IDEALNIE NADAJE SIĘ NA PIERWSZY POSIŁEK DNIA — DODAJE ENERGII I WITALNOŚCI.

SZPINAKOWO-OWOCOWY SZEJK

Składniki na 1-2 porcje:

2 garści młodych liści szpinaku, dojrzały banan, jabłko, szklanka wody

Jabłko obierz, usuń gniazdo nasienne, zmiksuj wszystkie składniki na gładki koktajl. Smakuje wspaniale także z mlekiem zamiast wody. Użyj np. owsianego, migdałowego, sojowego czy ryżowego.

JARMUŻ Z TROPIKALNĄ NUTĄ

Składniki na 1-2 porcje:

2 garści porwanych liści jarmużu bez twardych łodyg, 2 krążki świeżego ananasa grubości ok. 2 cm, 3 pomarańcze

Wyciśnij sok z pomarańczy, plastry ananasa obierz ze skórki, wykrój twardy środek. Zmiksuj owoce i sok z umytymi liśćmi jarmużu. Możesz użyć także miąższu pomarańczy dla zwiększenia ilości błonnika w koktajlu – wówczas rozcieńcz go, dodając trochę wody.

ZIELONY KOKTAJL Z SELEREM

Składniki na 1-2 porcje:

3 łodygi selera naciowego, 2 dojrzałe banany, 2 kiwi, 150 ml wody

Umyj i obierz owoce, zmiksuj z umytymi łodygami selera i wodą do uzyskania jednolitej konsystencji.

KREMOWY KOKTAJL Z SAŁATĄ

Składniki na 1-2 porcje:

1/2 główki sałaty rzymskiej, dojrzały banan, dojrzałe mango, szklanka wody

Mango przekrój wzdłuż przed pestką, natnij miąższ w szachownicę i odkrój. Umytą sałatę zmiksuj z owocami i wodą do uzyskania jedwabiście kremowej konsystencji. Łatwo to osiągnąć dzięki mango i bananowi oraz użyciu mocnego blendera.

czy wiesz, że w dojrzałych bananach (takich z ciemnymi plamkami) skrobia zamienia się w cukier i są one łatwiejsze do strawienia, słodsze i bardziej miękkie?

ORZEŹWIAJĄCA PIETRUSZKA

Składniki na 1-2 porcje:

garść natki pietruszki, 2 jabłka, 1/2 cytryny, szklanka wody

Wyciśnij sok z cytryny, z jabłek usuń gniazda nasienne, zmiksuj wszystkie składniki. Na powierzchni koktajlu powinna się utworzyć pyszna pianka. Pij na zdrowie.

GRUSZKA Z MIĘTĄ – IDEALNY DUET

Składniki na 1-2 porcje:

4-6 liści mięty, 3 dojrzałe gruszki, 1/4 główki sałaty, np. masłowej, rzymskiej, karbowanej, lodowej, 150 ml wody

Umyj liście i owoce, usuń z gruszek gniazda nasienne, zmiksuj wszystkie składniki. Koktajl jest smaczny także bez sałaty, z samą miętą i gruszkami, ewentualnie wzbogacony o słodycz banana.

BAZYLIOWO-OGÓRKOWA ŚWIEŻOŚĆ

Składniki na 1-2 porcje:
garść świeżych liści bazylii, 4-6 ogórków, dojrzałe mango

Mango przekrój wzdłuż przed pestką, natnij miąższ w szachownicę, i odkrój. Zmiksuj z umytymi liśćmi bazylii oraz ogórkami. Dzięki nim nie trzeba już dodatkowo rozcieńczać koktajlu, ale jeśli wolisz rzadszy, dodaj trochę wody.

ZIELONY KOKTAJL KAPUŚCIANY

Składniki na 1-2 porcje:
3 liście kapusty włoskiej (wybierz zewnętrzne, najbardziej zielone), 3 jabłka, 1/2 cytryny, 200 ml wody

Wyciśnij sok z cytryny, z jabłek usuń gniazda nasienne, zmiksuj z umytymi liśćmi kapusty. Jeśli masz słabszy blender, użyj tylko miękkich części liści i zmiksuj je najpierw z samymi jabłkami, a dopiero potem uzupełnij koktajl sokiem z cytryny oraz wodą i ponownie zmiksuj.

KOKTAJLE GRYCZANKI

SUROWA GRYKA MOCZONA TO KASZA GRYCZANA NIEPALONA NAMOCZONA W WODZIE, W KTÓREJ ZWIĘKSZA OBJĘTOŚĆ I MIĘKNIE. NAJLEPIEJ OPŁUKAĆ JĄ I NAMOCZYĆ DZIEŃ WCZEŚNIEJ. NIE MA CHARAKTERYSTYCZNEGO SMAKU ANI ZAPACHU GRYKI, ZAWIERA DUŻO BŁONNIKA I WITAMIN, KTÓRYCH NIE TRACI, GDYŻ NIE JEST PODDAWANA OBRÓBCE TERMICZNEJ. KOKTAJLE Z KASZĄ GRYCZANĄ POTOCZNIE NAZYWAMY GRYCZANKAMI. SĄ ONE BARDZO SYCĄCE, GĘSTE I LEKKO MĄCZNE W SMAKU, A PRZEDE WSZYSTKIM PRZEPYSZNE I ZDROWE.

GRYCZANKA NA SŁODKO Z BANANAMI

Składniki na 1-2 porcje:

1/2 szklanki kaszy gryczanej niepalonej, 2 dojrzałe banany, 3 daktyle, szklanka mleka kokosowego, 1/2 łyżeczki cynamonu, wiórki kokosowe do posypania (opcjonalnie)

Namoczoną wcześniej kaszę gryczaną odcedź i zmiksuj z pozostałymi składnikami do uzyskania gęstego koktajlu. Przed podaniem możesz go posypać wiórkami kokosowymi.

GRYCZANKA CYTRUSOWA

Składniki na 1-2 porcje:

1/2 szklanki kaszy gryczanej niepalonej, dojrzały banan, 4 pomarańcze (lub 2 pomarańcze i czerwony grejpfrut), garść migdałów, łyżeczka cynamonu, 1/2 łyżeczki kardamonu, 1/2 łyżeczki sproszkowanej wanilii, łyżka miodu (opcjonalnie)

Kaszę gryczaną opłucz i namocz, najlepiej poprzedniego dnia. Namocz także migdały. Wyciśnij sok z cytrusów, zmiksuj opłukaną i odcedzoną kaszę oraz migdały z pozostałymi składnikami. Jeśli wolisz słodszy koktajl, dołóż miód.

GRYCZANKA POBUDZAJĄCA METABOLIZM

Składniki na 1-2 porcje:

1/2 szklanki kaszy gryczanej niepalonej, szklanka śliwek bez pestek, 2 łyżeczki nasion szałwii hiszpańskiej, chia lub zmielonego siemienia lnianego, 150 ml wody, łyżeczka miodu (opcjonalnie)

Odcedź namoczoną wcześniej kaszę gryczaną i zmiksuj z pozostałymi składnikami.
W razie potrzeby dosłódź miodem.
W okresie zimowym możesz użyć suszonych śliwek.

GRYCZANKA JABŁKOWA

Składniki na 1-2 porcje:

1/2 szklanki kaszy gryczanej niepalonej, 2 miękkie jabłka, dojrzała gruszka, garść orzechów, np. włoskich lub laskowych, szklanka mleka ryżowego waniliowego, 2 łyżki wiórków kokosowych, 2 łyżki rodzynek, łyżeczka cynamonu

Kaszę gryczaną opłucz i namocz wcześniej, następnie odcedź. Z jabłek i gruszki usuń gniazda nasienne, możesz też obrać owoce ze skórki. Zmiksuj wszystkie składniki. Warto pozostawić w koktajlu kawałki do gryzienia.

Gryka to doskonałe, bezglutenowe źródło białka. Zawiera witaminy z grupy B i minerały: wapń, magnez, fosfor, cynk, nikiel, miedź, kobalt, bor i jod.

KOKTAJLE JAGLANKI

KASZĘ JAGLANĄ MOŻESZ UGOTOWAĆ WCZEŚNIEJ LUB ZUŻYĆ POZOSTAŁOŚCI Z OBIADU. WÓWCZAS PORANNE PRZYGOTOWYWANIE KOKTAJLU ZAJMIE NAPRAWDĘ MAŁO CZASU. WARTO PAMIĘTAĆ, ŻE KASZA JAGLANA NIE MIKSUJE SIĘ NA IDEALNIE GŁADKI MUS, ZWŁASZCZA SŁABSZYM BLENDEREM.

KOKTAJL JAGLANY Z TRUSKAWKAMI

Składniki na 1-2 porcje:

szklanka ugotowanej kaszy jaglanej, szklanka truskawek (świeżych lub rozmrożonych), szklanka mleka kokosowego, łyżka oleju kokosowego, 2 łyżeczki miodu lub syropu klonowego

Zmiksuj wszystkie składniki. W sezonie letnim koktajl możesz przygotować również z malinami, jagodami, borówkami lub jeżynami. W pozostałych porach roku użyj rozmrożonych truskawek.

WYBORNA ŚNIADANIOWA JAGLANKA

Składniki na 1-2 porcje:

szklanka ugotowanej kaszy jaglanej, szklanka waniliowego mleka migdałowego, 2 banany, dojrzałe mango, plasterek świeżego imbiru, szczypta soli

Mango przekrój wzdłuż przed pestką, natnij miąższ w szachownicę i odkrój. Zmiksuj wszystkie składniki do uzyskania w miarę jednolitej konsystencji. Jeżeli używasz zwykłego mleka migdałowego, dodaj 1/2 łyżeczki sproszkowanej wanilii.

CZEKOLADOWY KOKTAJL JAGLANY

Składniki na 1-2 porcje:

szklanka ugotowanej kaszy jaglanej, szklanka mleka roślinnego, np. waniliowego, kokosowego, owsianego, ryżowego, dojrzały banan, 2 łyżki naturalnego kakao (zmielonych ziaren kakaowca) lub karobu, łyżka miodu

Zmiksuj wszystkie składniki do uzyskania w miarę jednolitej konsystencji. Jeśli używasz zwykłego mleka roślinnego, wsyp dodatkowo 1/2 łyżeczki sproszkowanej wanilii.

JAGLANKA ORZECHOWO-DAKTYLOWA Z BAKALIAMI

Składniki na 1-2 porcje:

szklanka ugotowanej kaszy jaglanej, garść suszonych daktyli, łyżka masła orzechowego, szklanka wody, garść orzechów i suszonych owoców: migdały, orzechy włoskie, orzechy laskowe, brazylijskie, słonecznik, suszone daktyle, morele, figi, rodzynki, żurawina, śliwki itp., szczypta cynamonu, szczypta kardamonu, szczypta sproszkowanej wanilii (opcjonalnie)

Namocz daktyle przynajmniej na godzinę. Odcedź i zmiksuj z kaszą, masłem orzechowym, przyprawami oraz wodą. Dodaj garść pokruszonych orzechów i pokrojonych suszonych owoców.

KOKTAJLE Z QUINOA

QUINOA TO KOMOSA RYŻOWA, KTÓRA MA RÓWNIE WIELE ZASTOSOWAŃ KULINARNYCH JAK KASZA JAGLANA. ŚWIETNIE PASUJE DO DAŃ WYTRAWNYCH I SŁODKICH. Z POWODZENIEM ZASTĘPUJE TRADYCYJNE KASZE, ZIEMNIAKI LUB MAKARONY. DOSKONALE SPRAWDZA SIĘ JAKO SKŁADNIK ZUP ORAZ DODATEK DO WARZYW, SOSÓW, WYPIEKÓW, A TAKŻE DESERÓW. ZACHĘCAMY DO WYPRÓBOWANIA KOMOSY RYŻOWEJ W WERSJI ŚNIADANIOWEJ – JAKO SKŁADNIKA KOKTAJLU CZY PUDDINGU.

CZEKOLADOWY SZEJK NA GĘSTO

Składniki na 1-2 porcje:

szklanka ugotowanej komosy ryżowej, 2 dojrzałe banany, 2 łyżki naturalnego kakao (ziaren kakaowca) lub karobu, 2 łyżki pestek dyni, 4 daktyle

Zmiksuj wszystkie składniki na gęsty mus i jedz łyżką jak czekoladowy budyń.

SEZAMOWY KOKTAJL QUINOA

Składniki na 1-2 porcje:

szklanka ugotowanej komosy ryżowej, 2 dojrzałe brzoskwinie, szklanka wody lub wody kokosowej, 2 łyżki pasty tahini

Obrane brzoskwinie zmiksuj z pozostałymi składnikami. Koktajl jest bogaty w białko i nadaje się idealnie na posiłek po treningu. Zobacz też inne koktajle nie tylko dla sportowców na s. 68-79.

JABŁECZNA KOMOSA

Składniki na 1-2 porcje:

1/2 szklanki ugotowanej komosy ryżowej, 2 jabłka, łyżka siemienia lnianego, 1/4 łyżeczki kardamonu, 1/2 łyżeczki cynamonu, 1/2 łyżeczki sproszkowanego imbiru, szklanka mleka sojowego, podprażone płatki migdałowe do posypania

Jabłka obierz, usuń z nich gniazda nasienne, zmiksuj z pozostałymi składnikami. Posyp koktajl podprażonymi płatkami migdałowymi.

Komosa ryżowa jest źródłem pełnowartościowego białka, dlatego znalazła zastosowanie w posiłkach dla sportowców przed treningiem lub po nim oraz w jadłospisach osób na dietach wegańskich i wegetariańskich.

KOMOSA RYŻOWA Z ZIELONĄ HERBATĄ

Składniki na 1-2 porcje:

2 łyżki ugotowanej komosy ryżowej, 1/2 szklanki zielonej herbaty, dojrzały banan, 1/2 szklanki mleka konopnego lub innego roślinnego, szczypta cynamonu, łyżeczka wiórków kokosowych

Zmiksuj obranego banana z mlekiem, komosą i wystudzoną zieloną herbatą. Koktajl podawaj posypany wiórkami kokosowymi i cynamonem.

KOKTAJLE Z PUDDINGIEM CHIA

PUDDING Z NASIONAMI SZAŁWII HISZPAŃSKIEJ CHIA TO ŚWIETNY POMYSŁ NA ZDROWE PIERWSZE LUB DRUGIE ŚNIADANIE – JEST BARDZO SYCĄCY, DOSKONAŁY NA ROZPOCZĘCIE DNIA. PRZYGOTOWUJE SIĘ GO SZYBKO, PONIEWAŻ NASIONA ZALEWAMY WODĄ LUB MLEKIEM ROŚLINNYM PRZED PÓJŚCIEM SPAĆ, A RANO WYSTARCZY DODAĆ ULUBIONE OWOCE.

PUDDING CHIA GRUSZKOWO-MIGDAŁOWY

Składniki na 1-2 porcje:

3 łyżki nasion chia, szklanka mleka migdałowego, może być waniliowe, 2 dojrzałe gruszki, łyżeczka cynamonu, łyżeczka miodu (opcjonalnie)

Wymieszaj nasiona chia w mleku migdałowym z cynamonem, opcjonalnie także z miodem. Przelej do szklanki lub słoika i odstaw do lodówki na noc. Kilka razy przemieszaj pudding. Rano umyj i obierz gruszki, jedną zmiksuj i dodaj do puddingu, drugą pokrój na małe kawałki i ułóż na warstwie musu.

PUDDING CHIA BEZ MLEKA

Składniki na 1-2 porcje:

3 łyżki nasion chia, szklanka soku jabłkowego lub pomarańczowego, łyżeczka ekstraktu waniliowego lub 1/2 łyżeczki sproszkowanej wanilii, łyżeczka cynamonu, 1/3 łyżeczki kardamonu, świeże owoce sezonowe, np. śliwki i gruszki, jako dodatek

Wyciśnij sok z jabłek lub użyj gotowego, najlepiej świeżo tłoczonego. Wymieszaj nasiona chia w soku z cynamonem, kardamonem i wanilią. Przelej do szklanki lub słoika i odstaw do lodówki na noc. Kilka razy przemieszaj pudding. Rano dodaj owoce.

Nasiona chia stopniowo wchłaniają wodę, w której są moczone. Najlepiej wymieszać je kilkakrotnie w trakcie pierwszych 20-40 minut przed wstawieniem na noc do lodówki, wtedy unikniesz grudek. Dobrą metodą jest też przygotowanie nasion chia w słoiku, którym należy kilka razy wstrząsnąć w ciągu pierwszej godziny.

PUDDING CHIA Z SEZONOWYMI OWOCAMI

Składniki na 1-2 porcje:

3 łyżki nasion chia, szklanka mleka kokosowego, łyżeczka miodu, świeże owoce sezonowe, np. maliny

Mleko kokosowe, miód i nasiona chia dokładnie wymieszaj. Przelej do szklanki lub słoika i odstaw do lodówki na noc. Kilka razy przemieszaj pudding. Rano dodaj zmiksowane maliny i kilka świeżych na wierzch. Możesz też użyć truskawek, jagód, jabłek, śliwek lub innych owoców sezonowych.

PUDDING CHIA BANANOWY

Składniki na 1-2 porcje:

3 łyżki nasion chia, 2 banany, 200 ml wody, 1/4 łyżeczki sproszkowanej wanilii, łyżeczka miodu (opcjonalnie), świeże owoce sezonowe, np. borówki, jako dodatek

Zmiksuj banany z wodą, wanilią i ewentualnie z miodem. Wymieszaj dokładnie nasiona chia z przygotowanym w ten sposób mlekiem bananowym. Przelej do szklanki lub słoika i odstaw do lodówki na noc. Przemieszaj pudding kilka razy. Rano dodaj borówki.

KOKTAJLE ORZECHOWE

KOKTAJLE Z ORZECHAMI SĄ BARDZO SYCĄCE. WZMACNIAJĄ UKŁAD NERWOWY I KRĄŻENIA. DOSTARCZAJĄ ZDROWYCH NIENASYCONYCH KWASÓW TŁUSZCZOWYCH, OBNIŻAJĄC POZIOM ZŁEGO CHOLESTEROLU. POPRAWIAJĄ KONCENTRACJĘ DZIĘKI DUŻEJ ILOŚCI MAGNEZU. SĄ ŹRÓDŁEM ŁATWO PRZYSWAJALNEGO BIAŁKA. ZAWIERAJĄ BŁONNIK I ANTYOKSYDANTY ZA SPRAWĄ WITAMIN E, B1, PP.

MIGDAŁOWA JAGLANKA Z MORELAMI

Składniki na 1-2 porcje:

1/2 szklanki ugotowanej kaszy jaglanej, garść migdałów, 1/2 szklanki suszonych moreli, pomarańcza, szklanka mleka ryżowego, 2 łyżeczki miodu (opcjonalnie)

Odcedź namoczone migdały. Zmiksuj je z kaszą, pomarańczą, morelami i mlekiem ryżowym. W razie potrzeby posłódź miodem.

SZCZYPTA PISTACJOWEJ FANTAZJI

Składniki na 1-2 porcje:

garść obranych pistacji, 3/4 szklanki mleka ryżowego, 3/4 szklanki mleka kokosowego, szczypta mielonego pieprzu, szczypta kardamonu, łyżka syropu klonowego

Odcedź namoczone orzechy. Zmiksuj wszystkie składniki. Koktajl smakuje najlepiej, gdy użyjesz schłodzonego mleka i wypijesz natychmiast po miksowaniu.

ZAMIAST KAWY

Składniki na 1-2 porcje:

garść orzechów włoskich, 2 dojrzałe banany, szklanka mleka sojowego lub owsianego

Odcedź namoczone orzechy. Zmiksuj wszystkie składniki, aż na powierzchni utworzy się pianka.

Trzy orzechy brazylijskie zaspokajają dzienne zapotrzebowanie organizmu na selen – pierwiastek, który wzmacnia układ odpornościowy i hamuje rozwój wolnych rodników.

ORZECHOWY PORANEK

Składniki na 1-2 porcje:
garść orzechów nerkowca, 3 orzechy brazylijskie, 4 nektarynki, 2 krążki świeżego ananasa grubości ok. 2 cm, szklanka zielonej herbaty

Odcedź namoczone orzechy. Obierz owoce, wystudź zaparzoną herbatę i zmiksuj wszystkie składniki. Jeśli używasz niemoczonych orzechów, dodaj więcej herbaty lub uzupełnij wodą. W sezonie zimowym nektarynki zastąp jabłkami.

KOKTAJLE Z AWOKADO

AWOKADO JEST IDEALNYM OWOCEM NA KOKTAJLE, NADAJE IM KREMOWĄ, AKSAMITNĄ KONSYSTENCJĘ, WZBOGACA WARTOŚCI ODŻYWCZE O ZDROWE TŁUSZCZE, BIAŁKO, WITAMINY Z GRUPY B, KWAS FOLIOWY, WITAMINY C, E ORAZ BŁONNIK. MA WIĘCEJ POTASU NIŻ BANAN.

ZIELONY REGULATOR CIŚNIENIA

Składniki na 1-2 porcje:

awokado, banan, 2 liście świeżej mięty, szklanka wody

Awokado przekrój na pół wzdłuż pestki i wybierz miąższ łyżką, liście mięty umyj. Zmiksuj wszystkie składniki na kremowy koktajl. Zamiast liści mięty i wody możesz też użyć zaparzonej i ostudzonej herbaty miętowej.

KOKTAJL ANTYCHOLESTEROLOWY

Składniki na 1-2 porcje:

1/2 awokado, jabłko, szklanka mleka migdałowego, łyżeczka miodu (opcjonalnie)

Awokado przekrój na pół wzdłuż pestki i wybierz miąższ łyżką, z jabłka usuń gniazdo nasienne. Zmiksuj wszystkie składniki. Dodaj miodu, jeśli jabłko nie jest wystarczająco słodkie.

SZPINAKOWE AWOKADO

Składniki na 1-2 porcje:

garść szpinaku, 1/2 awokado, 2 gruszki, ogórek, szklanka wody

Umyj liście szpinaku, owoce i warzywa, z gruszki usuń gniazdo nasienne. Awokado przekrój na pół wzdłuż pestki, wybierz miąższ łyżką. Zmiksuj wszystkie składniki.

TRUSKAWKOWY RAJ

Składniki na 1-2 porcje:

1/2 awokado, 2 szklanki truskawek, 2 krążki świeżego ananasa grubości ok. 2 cm, szklanka wody lub wody kokosowej (opcjonalnie)

Awokado przekrój na pół wzdłuż pestki i wybierz miąższ łyżką, truskawki obierz z szypułek. Zmiksuj wszystkie owoce na gładki mus. Zjedz go łyżką lub dolej wody i zmiksuj na koktajl do picia.

ZOBACZ TEŻ KOKTAJLE
CZEKOLADOWE Z AWOKADO
NA S. 190–191.

KOKTAJLE ODCHUDZAJĄCE

NIE MA WPRAWDZIE MAGICZNEGO SKŁADNIKA NA SPALENIE TKANKI TŁUSZCZOWEJ, ALE PIJĄC KOKTAJLE Z ODPOWIEDNICH OWOCÓW I WARZYW, Z DODATKIEM WŁAŚCIWYCH PRZYPRAW, WSPOMAGAMY I POBUDZAMY PRZEMIANĘ MATERII. OKAZUJE SIĘ TO BARDZO POMOCNE, GDY CHCEMY ZRZUCIĆ KILKA KILOGRAMÓW LUB UTRZYMAĆ PRAWIDŁOWĄ WAGĘ. PRZY OKAZJI DOSTARCZAMY ORGANIZMOWI SPORĄ DAWKĘ WITAMIN I SUBSTANCJI ODŻYWCZYCH.

KOKTAJLE POBUDZAJĄCE METABOLIZM

UŻYTE W TYCH PRZEPISACH PRZYPRAWY, TAKIE JAK IMBIR, KARDAMON, KURKUMA CZY PIEPRZ KAJEŃSKI (CHILI), NADAJĄ SIĘ IDEALNIE DO KOKTAJLI ODCHUDZAJĄCYCH, GDYŻ WSPOMAGAJĄ SYSTEM TRAWIENNY, PRACĘ ŻOŁĄDKA I JELIT.

KARDAMON

przyspiesza przemianę materii, pomaga przy niestrawności i wzdęciach. Usuwa toksyny z dróg moczowych. Odświeża oddech.

KOKTAJL NA NIESTRAWNOŚĆ I WZDĘCIA

Składniki na 1-2 porcje:

garść liści jarmużu, mango, szklanka mleka kokosowego, 2 szczypty kardamonu

Mango przekrój wzdłuż przed pestką, natnij miąższ w szachownicę, i odkrój. Zmiksuj z pozostałymi składnikami. Jeśli masz słabszy blender lub mikser, użyj liści jarmużu bez twardych łodyg.

OWOCOWO-WARZYWNY KOKTAJL NA ZAPARCIA

Składniki na 1-2 porcje:

3 pomarańcze, jabłko, 2 małe marchewki, łyżeczka kurkumy, (woda opcjonalnie)

Zmiksuj obrane owoce i marchewki z kurkumą na gładki koktajl. Uzupełnij go wodą, jeśli pomarańcze mają mało soku – w przeciwnym razie uzyska konsystencję musu.

KOKTAJL UŁATWIAJĄCY TRAWIENIE

Składniki na 1-2 porcje:

garść rukoli, 2 czerwone grejpfruty, łyżeczka startego korzenia imbiru, szklanka wody

Umyj liście rukoli, wyciśnij sok z grejpfrutów. Zmiksuj z imbirem i wodą. Możesz użyć całych owoców grejpfruta bez skórki, wówczas większa będzie zawartość ułatwiających trawienie pektyn i błonnika. Jeśli masz mocny blender, nie trzyj wcześniej korzenia imbiru, ale wrzuć kawałek w całości (ok. 2 cm).

TURBOSPALAJĄCY NAPÓJ CYTRYNOWY

Składniki na 1-2 porcje:
cytryna, łyżeczka miodu, szczypta chili, szklanka wody

Wyciśnij sok z cytryny, wymieszaj z miodem, chili i wodą. Pij pół godziny przed jedzeniem.

KOKTAJLE Z SUPERŻYWNOŚCIĄ

SUPERŻYWNOŚĆ (ANG. *SUPERFOODS*) CHARAKTERYZUJE SIĘ DUŻĄ ILOŚCIĄ SKONCENTROWANYCH, CENNYCH DLA ORGANIZMU SKŁADNIKÓW, CZĘSTO NATURALNIE WSPOMAGA ODCHUDZANIE, PRZYSPIESZAJĄC METABOLIZM. DO TEJ GRUPY NALEŻĄ NA PRZYKŁAD: MŁODY JĘCZMIEŃ, MŁODA PSZENICA, JAGODY GOJI, SPIRULINA, NASIONA CHIA, OLEJ KOKOSOWY, BABKA JAJOWATA, BABKA PŁESZNIK.

Młody zielony jęczmień stał się popularnym środkiem wspomagającym odchudzanie, choć nie wszystkim smakuje. Zyskuje po połączeniu z mlekiem roślinnym.

BABKA PŁESZNIK oraz **BABKA JAJOWATA** (inaczej błonnik witalny), są naturalnymi wspomagaczami układu pokarmowego. Pomagają na zaparcia, łagodzą biegunki, poprawiają przemianę materii, a do tego ograniczają wchłanianie tłuszczów i zmniejszają uczucie głodu.

Spirulina uzupełnia niedobory białka, które mogą powstać przy dietach redukcyjnych połączonych ze zwiększoną aktywnością fizyczną. Zawiera też błonnik.

Koktajl idealny dla diabetyków – **JAGODY GOJI** regulują nie tylko metabolizm, ale także poziom cukru we krwi.

KOKTAJL Z ZIELONYM JĘCZMIENIEM

Składniki na 1-2 porcje:

2 łyżeczki sproszkowanego zielonego jęczmienia, szklanka mleka ryżowego lub owsianego

Zmiksuj mleko ze sproszkowaną trawą jęczmienną i pij na zdrowie.

SIŁA BŁONNIKA

Składniki na 1-2 porcje:

2 łyżki błonnika witalnego (lub łyżka babki płesznik i łyżka babki jajowatej), garść szpinaku, mały burak, jabłko, sok z 1/2 cytryny, szklanka wody

Umyty szpinak zmiksuj z obranym burakiem oraz jabłkiem pozbawionym gniazda nasiennego. Dodaj błonnik witalny oraz wodę i zmiksuj ponownie na gładko.

SUPERZIELONY KOKTAJL ZE SPIRULINĄ

Składniki na 1-2 porcje:

łyżeczka spiruliny, dojrzałe mango, garść świeżych liści pietruszki lub kolendry, 2-3 pomarańcze

Mango przekrój wzdłuż przed pestką, natnij miąższ w szachownicę i odkrój. Wyciśnij sok z pomarańczy, umyj zieleninę. Zmiksuj wszystkie składniki.

SŁODKO-GORZKI KOKTAJL DIETETYCZNY

Składniki na 1-2 porcje:

3 łyżki suszonych jagód goji, 2 czerwone grejpfruty, 1/2 łyżeczki startego korzenia imbiru, 1/2 szklanki wody, łyżeczka miodu (opcjonalnie)

Grejpfruty obierz, pozostawiając białe błonki, które są bogate w błonnik. Zmiksuj z pozostałymi składnikami. Jeśli grejpfruty są wyjątkowo gorzkie lub kwaśne, posłódź miodem.

WIĘCEJ PRZEPISÓW NA KOKTAJLE Z SUPERŻYWNOŚCIĄ ZNAJDZIESZ NA S. 86, 146.

KOKTAJLE Z OLEJEM KOKOSOWYM

OLEJ KOKOSOWY POBUDZA METABOLIZM, PRZYSPIESZAJĄC W TEN SPOSÓB SPALANIE TŁUSZCZU. MA TAKŻE OKOŁO 1/3 KALORII MNIEJ NIŻ POZOSTAŁE TŁUSZCZE. W PRZECIWIEŃSTWIE DO INNYCH OLEI ZBUDOWANY JEST Z MAŁYCH CZĄSTECZEK, KTÓRE TRAFIAJĄ PROSTO DO KOMÓREK, GDZIE W PROCESIE SPALANIA ZAMIENIAJĄ SIĘ W ENERGIĘ.

JAGLANKA SPALAJĄCA TŁUSZCZ

Składniki na 1-2 porcje:
3 łyżki ugotowanej kaszy jaglanej, łyżka oleju kokosowego, 1/2 szklanki wody, 1/2 szklanki malin lub truskawek, łyżeczka miodu, (opcjonalnie), łyżeczka wiórków kokosowych do posypania (opcjonalnie)

Zmiksuj wszystkie składniki, tak aby nie było grudek. W razie potrzeby dosłódź miodem. Przed podaniem posyp koktajl wiórkami kokosowymi. Możesz użyć mrożonych malin lub truskawek.

ZIELONY POGROMCA TKANKI TŁUSZCZOWEJ

Składniki na 1-2 porcje:
szklanka mrożonego zielonego groszku, łyżka oleju kokosowego, gruszka, plaster świeżego ananasa grubości ok. 2 cm, szklanka wody lub wody kokosowej

Obierz umyte owoce. Zmiksuj z pozostałymi składnikami. Zamiast gruszki możesz użyć słodkiego jabłka.

OWOCOWO-WARZYWNY MIKS NA DOBRE TRAWIENIE

Składniki na 1-2 porcje:

marchewka, banan, jabłko, 2 pomarańcze lub grejpfrut, 1/2 cytryny, łyżka oleju kokosowego, 1/4 łyżeczki kurkumy

Obierz umyte owoce, wyciśnij sok z cytrusów i zmiksuj wszystkie składniki. Jeśli używasz grejpfruta zamiast pomarańczy, możesz pominąć cytrynę.

MUS PRZYSPIESZAJĄCY METABOLIZM

Składniki na 1-2 porcje:

1/2 awokado, dojrzały banan, łyżeczka oleju kokosowego, łyżka karobu

Awokado przekrój na pół wzdłuż pestki i wybierz miąższ łyżką, dodaj pozostałe składniki i zmiksuj na kremowy mus. Jedz łyżeczką, chyba że wolisz jednak płynny koktajl, wówczas rozcieńcz go wodą (maksymalnie 1/2 szklanki).

KOKTAJLE Z GREJPFRUTEM

GREJPFRUT MA WŁAŚCIWOŚCI WSPOMAGAJĄCE ODCHUDZANIE: USPRAWNIA PRZEMIANĘ MATERII, POBUDZA SPALANIE TŁUSZCZÓW, REGULUJE GOSPODARKĘ WĘGLOWODANOWĄ, POPRAWIA PRACĘ JELIT I POMAGA USUWAĆ TOKSYNY. CHARAKTERYZUJE SIĘ TAKŻE NISKIM INDEKSEM GLIKEMICZNYM – PO ZJEDZENIU OWOCU CUKIER JEST UWALNIANY STOPNIOWO, CO ZAPOBIEGA NAPADOM GŁODU.

CYTRUSOWY SPOSÓB NA TRAWIENIE

Składniki na 1-2 porcje:

czerwony grejpfrut, pomarańcza, szklanka, zielonej lub białej herbaty, łyżeczka startego świeżego imbiru, łyżeczka miodu

Zaparz i ostudź herbatę, obierz umyte cytrusy. Zmiksuj z pozostałymi składnikami. W razie potrzeby, dosłódź koktajl większą ilością miodu.

ZIELONO-CYTRUSOWY WYMIATACZ

Składniki na 1-2 porcje:

garść szpinaku, garść jarmużu, grejpfrut, pomarańcza, cytryna, plaster świeżego ananasa grubości ok. 2 cm, 1/4 łyżeczki kurkumy, szczypta chili, szczypta sproszkowanego imbiru, miód lub syrop klonowy do smaku (opcjonalnie)

Umyte liście oraz obrane owoce cytrusowe i ananasa zmiksuj z przyprawami. Jeżeli wolisz postać bardziej płynną, użyj soków wyciśniętych z owoców cytrusowych lub zmiksuj je w całości i uzupełnij koktajl wodą (ok. 1/2 szklanki). Możesz dosłodzić do smaku.

KOKTAJL OCZYSZCZAJĄCY

Składniki na 1-2 porcje:

2 czerwone grejpfruty, laska selera naciowego, 3 listki mięty, szklanka wody lub wody kokosowej

Grejpfruty obierz i zmiksuj z pozostałymi składnikami. Jeśli nie masz świeżych liści mięty, zastąp je łyżeczką mięty suszonej lub sproszkowanej.

KOKTAJL PRZYSPIESZAJĄCY SPALANIE TŁUSZCZU

Składniki na 1-2 porcje:

2 grejpfruty, 2 kiwi, 1/2 łyżeczki mielonego cynamonu, łyżeczka pestek dyni, łyżeczka sezamu, 1/2 łyżeczki miodu, 1/2 szklanki wody

Obierz owoce i zmiksuj z pozostałymi składnikami.

Warto używać w koktajlach całych grejpfrutów, wraz z albedo, czyli białymi błonkami. Koktajle są wprawdzie bardziej gorzkie, mają jednak dużo więcej błonnika i pektyn, a albedo wspomaga odchudzanie.

KOKTAJLE Z ANANASEM

ANANAS ZYSKAŁ OPINIĘ ODCHUDZAJĄCEGO DZIĘKI ZAWARTOŚCI BROMELAINY – ENZYMU WSPOMAGAJĄCEGO METABOLIZM BIAŁEK ORAZ PRZYSPIESZAJĄCEGO TRAWIENIE. OWOC JEST NISKOKALORYCZNY (W 100 G TYLKO 55 KCAL) I BOGATY W BŁONNIK, KTÓRY NICZYM NATURALNA SZCZOTKA WYMIATA Z ORGANIZMU SZKODLIWE ZŁOGI PRODUKTÓW PRZEMIANY MATERII.

KOKTAJL ANANASOWY Z ZIELONĄ HERBATĄ

Składniki na 1-2 porcje:

1/4 małego ananasa, jabłko, szklanka zielonej herbaty, kilka listków świeżej mięty

Zaparz zieloną herbatę i wystudź. Zmiksuj obrane owoce z pozostałymi składnikami. Możesz dać więcej jabłka, a mniej ananasa, jeśli przeszkadza ci efekt drętwienia języka.

KOKTAJL OCZYSZCZAJĄCO-DETOKSYKUJĄCY

Składniki na 1-2 porcje:

2 plastry świeżego ananasa grubości 2 cm, garść świeżych liści pietruszki, 2 pomarańcze, 1/2 szklanki wody lub wody kokosowej, 2 łyżki suszonych jagód goji (opcjonalnie)

Umyte liście pietruszki zmiksuj z obranymi owocami i wodą lub wodą kokosową. Opcjonalnie dodaj 2 łyżki suszonych jagód goji albo udekoruj nimi koktajl przed podaniem.

Bromelaina zawarta w ananasie uwalnia się już w zetknięciu ze śliną, w związku z czym trawienie białka rozpoczyna się na języku, wywołując efekt jego drętwienia. Mija on szybko, zwłaszcza po przepłukaniu ust wodą.

ANANASOWO-IMBIROWY MIKS

Składniki na 1-2 porcje:

1/4 małego ananasa, 1/2 cytryny, łyżeczka startego korzenia imbiru, szczypta chili, szklanka wody

Wyciśnij sok z cytryny, zmiksuj z obranym ananasem i pozostałymi składnikami. Ten koktajl najlepiej smakuje, gdy ananas jest mocno dojrzały i bardzo słodki.

BURACZANE ANANASY

Składniki na 1-2 porcje:

2 plastry świeżego ananasa grubości ok. 2 cm, 1/2 buraka, jabłko, szklanka mleka owsianego lub ryżowego, szczypta kurkumy (opcjonalnie)

Owoce i buraka obierz, z jabłka usuń gniazdo nasienne, zmiksuj z mlekiem. Warto dodać kurkumę, tym bardziej że nie zmieni smaku ani koloru koktajlu, a wpływa łagodząco na żołądek.

KOKTAJLE Z ALOESEM

ALOES PRZYSPIESZA METABOLIZM I WCHŁANIANIE POKARMÓW W JELITACH, OCZYSZCZA ORGANIZM Z TOKSYN I ZŁOGÓW. DODAJE ENERGII ORAZ OBNIŻA POZIOM CUKRU WE KRWI. MA SILNE DZIAŁANIE, WIĘC ZALECA SIĘ SPOŻYWAĆ GO JEDYNIE W RAMACH KURACJI, NA WIOSNĘ CZY JESIEŃ, ALBO DORAŹNIE. ALOES MOŻNA KUPIĆ W KWIACIARNI I HODOWAĆ NA PARAPECIE – JEST ROŚLINĄ MAŁO WYMAGAJĄCĄ. PEŁNĄ AKTYWNOŚĆ BIOLOGICZNĄ UZYSKUJE PO CZTERECH LATACH. LIŚCIE MŁODSZYCH ROŚLIN NIE NADAJĄ SIĘ DO KONSUMPCJI.

KOKTAJL NA LEPSZY METABOLIZM

Składniki na 1-2 porcje:

50 ml soku z aloesu, 3 łyżki płatków owsianych, 4 suszone śliwki, 2 suszone figi, banan, 1/2 łyżeczki cynamonu, szklanka wody, łyżeczka pyłku pszczelego (opcjonalnie)

Namocz suszone owoce i płatki owsiane na pół godziny, zlej wodę, dodaj pozostałe składniki i zmiksuj. Warto dosypać pyłek pszczeli, który pobudza metabolizm oraz hamuje głód, a także uzupełnia białko.

W każdym koktajlu z aloesem proponujemy użyć ok. 50 ml soku z tej rośliny (stuprocentowego), gdyż jest to mniej więcej dzienna dawka. Jeżeli miksujesz koktajl na więcej porcji, zwiększ ilość soku. Jeśli wykrawasz miąższ z liścia, użyj na porcję kawałka wielkości ok. 5 cm x 2 cm.

SZEJK DIETETYCZNY

Składniki na 1-2 porcje:

50 ml soku z aloesu, 2 plastry świeżego ananasa grubości ok. 2 cm, 1/2 cytryny, łyżeczka sezamu, 1/2 szklanki wody lub wody kokosowej

Wyciśnij sok z cytryny, zmiksuj z pozostałymi składnikami i pij na zdrowie.

ZIELONY KOKTAJL Z ALOESEM

Składniki na 1-2 porcje:

50 ml soku z aloesu, garść szpinaku, 2-3 świeże liście bazylii, dojrzałe mango, 1/2 szklanki wody

Mango przekrój wzdłuż przed pestką, natnij miąższ w szachownicę, wywiń i odkrój. Umyj liście bazylii i szpinaku. Zmiksuj wszystkie składniki.

ENERGETYCZNY KOP

Składniki na 1-2 porcje:

50 ml soku z aloesu, 1/2 pęczka pietruszki, cytryna, 1,5 szklanki wody, łyżeczka miodu (opcjonalnie)

Wyciśnij sok z cytryny, umyj pietruszkę i zmiksuj z pozostałymi składnikami na gładki koktajl. Możesz dosłodzić miodem.

KOKTAJLE Z INNYMI SKŁADNIKAMI WSPOMAGAJĄCYMI ODCHUDZANIE

GRANAT CHRONI PRZED NIESTRAWNOŚCIĄ I HAMUJE UCZUCIE GŁODU. KURKUMA PRZYSPIESZA TRAWIENIE I POPRAWIA METABOLIZM. POMARAŃCZA BOGATA W WITAMINĘ C POMAGA ZREDUKOWAĆ TKANKĘ TŁUSZCZOWĄ. MARCHEW REGULUJE PROCESY TRAWIENIA ORAZ WSPOMAGA PRACĘ ŻOŁĄDKA I DWUNASTNICY.

PORANNY BUDZIK

Składniki na 1-2 porcje:

2 jabłka, 2 pomarańcze, łyżeczka startego korzenia imbiru, 1/2 łyżeczki cynamonu, 1/2 łyżeczki miodu, szklanka mleka roślinnego, np. migdałowego

Z jabłek usuń gniazda nasienne, pomarańcze obierz. Zmiksuj owoce z przyprawami i miodem. Uzupełnij mlekiem roślinnym i zmiksuj ponownie. Zamiast mleka migdałowego możesz użyć kilku namoczonych wcześniej migdałów i dolać szklankę wody.

KOKTAJLOWA KISZONKA

Składniki na 1-2 porcje:

1/2 szklanki kiszonej kapusty, 1/2 szklanki soku z kiszonej kapusty, 2 jabłka, pomarańcza lub 2 mandarynki, 1/2 marchewki, 1/2 szklanki wody

Z obranych jabłek usuń gniazda nasienne, cytrusy obierz. Zmiksuj wszystkie składniki. Koktajl smakuje wybornie i jest idealny na zimę.

Kiszona kapusta zalecana jest w kuracjach oczyszczających i odchudzających ze względu na niską wartość energetyczną (100 g kapusty to zaledwie 16 kcal) oraz właściwości przyspieszające przemianę materii.

Lekko anyżowy posmak koktajl zawdzięcza fenkułowi. To niskokaloryczne warzywo jest bogate w witaminę C i witaminy z grupy B, które uczestniczą w procesie spalania tłuszczów. Zawiera też dużo błonnika dającego uczucie sytości oraz pobudzającego perystaltykę jelit.

KOKTAJL REGULUJĄCY TRAWIENIE

Składniki na 1-2 porcje:

pomarańcza, marchewka, 1/2 łyżeczki kurkumy, 1/2 szklanki ziaren granatu, szklanka wody

Umyte i obrane marchewkę oraz pomarańczę zmiksuj z kurkumą, granatem i wodą na gładki koktajl.

ODCHUDZAJĄCY KOKTAJL Z FENKUŁEM

Składniki na 1-2 porcje:

1/2 bulwy fenkułu (kopru włoskiego), 2 pomarańcze, łyżeczka miodu lub suszona figa, 1/2 szklanki wody, łyżeczka sproszkowanego korzenia maca (opcjonalnie)

Umyte i obrane pomarańcze zmiksuj z bulwą fenkułu. Dosłódź miodem lub namoczoną wcześniej figą, ewentualnie dosyp sproszkowany korzeń maca. Zmiksuj wszystko z wodą.

Ocet jabłkowy pomaga zgubić kilogramy, gdyż pobudza produkcję soków żołądkowych i syntezę enzymów trawiennych, zwiększa uczucie sytości, usuwa toksyny oraz przyspiesza spalanie tłuszczów. Najlepiej używać niefiltrowanego z ekouprawy lub zrobić go samodzielnie.

KOKTAJLOWY DETOKS

Składniki na 1-2 porcje:

2 garści świeżych liści szpinaku, banan, łyżka octu jabłkowego, szklanka wody

Zmiksuj umyte liście szpinaku z pozostałymi składnikami. Banana możesz zastąpić innymi owocami. Świetnie pasują w tym połączeniu także gruszki, jabłka, truskawki, brzoskwinie, maliny, kaki czy mango.

KOKTAJL NA IDEALNĄ WAGĘ

Składniki na 1-2 porcje:

garść liści pietruszki, 2 cytryny, łyżeczka startego korzenia imbiru, szklanka wody

Wyciśnij sok z cytryny i zmiksuj z umytymi liśćmi pietruszki, imbirem oraz wodą do uzyskania jednolitej konsystencji. Pij na czczo.

JAGODOWO-MIGDAŁOWY PRZYSMAK

Składniki na 1-2 porcje:

1/2 szklanki jagód lub borówek, 2 plastry świeżego ananasa grubości ok. 2 cm, szklanka mleka migdałowego, 1-2 łyżeczki nasion chia (opcjonalnie)

Umyte jagody i obrane plastry ananasa zmiksuj z mlekiem migdałowym. Po dodaniu nasion chia chwilę odczekaj, żeby wchłonęły trochę płynu. Możesz pić koktajl od razu po przygotowaniu, chrupiąc nasiona chia, albo odstawić go na 2-3 godziny, aż mocno spęcznieją.

MAGICZNE POŁĄCZENIE SMAKÓW

Składniki na 1-2 porcje:

1-2 gruszki, łyżeczka startego korzenia imbiru, 1/2 szklanki zielonej herbaty, 1/2 szklanki mleka migdałowego z wanilią

Z obranych gruszek usuń gniazda nasienne. Zaparz i ostudź zieloną herbatę. Zmiksuj wszystkie składniki. Jeśli używasz mleka migdałowego bez wanilii, dodaj 1/2 łyżeczki sproszkowanej. Doskonale smakuje z gruszką odmiany „Konferencja".

Jagody i borówki to niskokaloryczne owoce, szczególnie polecane w trakcie diet odchudzających. Mają też niski indeks glikemiczny, co ułatwia kontrolę poziomu cukru oraz przyczynia się do mniejszego wydzielania insuliny.

KOKTAJLE NIE TYLKO DLA SPORTOWCÓW

SPORTOWCY POTRZEBUJĄ DOŁADOWANIA ENERGETYCZNEGO, A POSIŁEK W FORMIE KOKTAJLU TO IDEALNE ROZWIĄZANIE. NIE OBCIĄŻA ŻOŁĄDKA, MOŻNA GO SPOŻYĆ NAWET NA KRÓTKI CZAS PRZED TRENINGIEM, GDYŻ ŁATWO SIĘ STRAWI. PONADTO POSTAĆ ZMIKSOWANA DUŻO SZYBCIEJ DOTRZE BEZPOŚREDNIO DO KOMÓREK I NATYCHMIAST JE ODŻYWI. Z KOLEI PO TRENINGU LUB INNYM WYSIŁKU FIZYCZNYM PŁYNNY KOKTAJL POZWOLI ŁATWO UZUPEŁNIĆ STRATY I NIEDOBRY.

KOKTAJLE WĘGLOWODANOWE

KOKTAJL TO ZDROWY I WARTOŚCIOWY POSIŁEK PRZED TRENINGIEM – DOSTARCZA POTRZEBNĄ DO ĆWICZEŃ ENERGIĘ DZIĘKI WĘGLOWODANOM Z OWOCÓW. ABY ZWIĘKSZYĆ KONCENTRACJĘ I POBUDZIĆ CIAŁO DO WYSIŁKU FIZYCZNEGO, SKUP SIĘ NA NATURALNYCH DOPALACZACH, JAK BURAK, KOFEINA, NIEKTÓRE PRZYPRAWY, ORAZ NATURALNYM BIAŁKU – TUTAJ SPRAWDZI SIĘ SUPERŻYWNOŚĆ, NA PRZYKŁAD SPROSZKOWANY KORZEŃ MACA. KOKTAJLE TAKIE PIJ NA 0,5-1 GODZINY PRZED TRENINGIEM.

WĘGLOWODANOWY MIKS Z BANANÓW

Składniki na 1-2 porcje:

2-3 banany, łyżeczka cynamonu, 1/2 łyżeczki sproszkowanej wanilii, szklanka mleka migdałowego

Zmiksuj wszystkie składniki na gładki koktajl. Możesz również użyć waniliowego mleka migdałowego. Zrezygnuj wówczas z wanilii w proszku.

KOKTAJL MOCY

Składniki na 1-2 porcje:

1/2 zielonego melona, 1/2 cytryny, 1 łyżeczka nasion chia

Wyciśnij sok z cytryny, zmiksuj z miąższem melona bez pestek, dodaj nasiona chia. Odczekaj chwilę, aż delikatnie napęcznieją. Możesz dodatkowo rozcieńczyć koktajl wodą, jeśli wolisz rzadszy.

SZEJK ENERGETYZUJĄCY

Składniki na 1-2 porcje:

garść świeżych liści szpinaku, plaster świeżego ananasa grubości ok. 2 cm, dojrzały banan, 2 łyżki suszonych jagód goji, szklanka wody

Umyj liście szpinaku, ananasa obierz i wykrój twardy środek. Zmiksuj wszystkie składniki do uzyskania jednolitej konsystencji.

ENERGETYCZNE DOŁADOWANIE

Składniki na 1-2 porcje:

2 kaki, 2 pomarańcze, łyżka sproszkowanego korzenia maca, 1/2 szklanki wody

Obrane owoce zmiksuj z wodą i korzeniem maca na gładki koktajl.

Sproszkowany korzeń maca nie tylko pobudza libido, ale dodaje też energii i rozjaśnia umysł.

CZERWONY KOKTAJL AKTYWIZUJĄCY

Składniki na 1-2 porcje:

1/2 surowego buraka, 2 banany, łyżka sproszkowanych jagód acai, szklanka wody

Buraka obierz i zmiksuj z pozostałymi składnikami do uzyskania jednolitej konsystencji.

OWSIANKA PRZEDTRENINGOWA

Składniki na 1-2 porcje:

3 łyżki płatków owsianych, jabłko, gruszka, łyżka sproszkowanego baobabu, szklanka wody lub mleka ryżowego

Obierz owoce, usuń gniazda nasienne. Zmiksuj wszystkie składniki na gładki koktajl.

Sproszkowany baobab to doskonały naturalny suplement dla sportowców. Jest bardzo pożywny, redukuje zmęczenie, działa jak potężny zastrzyk witalności, siły i energii.

ANANASOWA SŁODYCZ

Składniki na 1-2 porcje:

2 laski selera naciowego, 2 plastry świeżego ananasa grubości ok. 2 cm, dojrzały banan, łyżeczka miodu, szklanka wody

Seler umyj, ananasa obierz i wykrój twardy środek. Zmiksuj z pozostałymi składnikami.

JAGLANKA NA OSTRO

Składniki na 1-2 porcje:

3 łyżki płatków jaglanych, 2 jabłka, 1/2 cytryny, 1/2 łyżeczki startego imbiru, 1 łyżeczka siemienia lnianego, szczypta chili, łyżeczka miodu (opcjonalnie)

Wyciśnij sok z cytryny, jabłka obierz i usuń gniazda nasienne. Zmiksuj wszystkie składniki.

KOKTAJLE BIAŁKOWE

ODPOWIEDNIO ZBILANSOWANY KOKTAJL Z OWOCAMI JEST DOSKONAŁYM POSIŁKIEM BIAŁKOWYM. ZNAKOMICIE UZUPEŁNIA SKŁADNIKI MINERALNE, ELEKTROLITY I WITAMINY. PONADTO POMAGA W ODBUDOWIE I REGENERACJI MIĘŚNI, CO JEST ISTOTNE ZWŁASZCZA PO ĆWICZENIACH SIŁOWYCH. BIAŁKO ZAWIERAJĄ PRODUKTY BOGATE W AMINOKWASY, NA PRZYKŁAD KOMOSA RYŻOWA, ZIARNA KONOPI, ZIARNA AMARANTUSA, SEZAM, PYŁEK PSZCZELI, SPIRULINA. JEGO CENNYM ŹRÓDŁEM JEST TEŻ JARMUŻ. PIJ TAKIE KOKTAJLE DO TRZYDZIESTU MINUT PO TRENINGU.

KOKTAJL ODBUDOWUJĄCY TKANKĘ MIĘŚNIOWĄ

Składniki na 1-2 porcje:

1/4 szklanki ugotowanej komosy ryżowej, dojrzały banan, 2 orzechy włoskie, orzech brazylijski, 1-2 łyżki naturalnego kakao (ziaren kakaowca) lub karobu, szklanka wody

Ugotowaną komosę ryżową zmiksuj z pozostałymi składnikami do uzyskania gładkiego koktajlu. Możesz też użyć mleka z quinoa albo zrobić je samodzielnie w domu (zob. s. 11).

Komosę ryżową możesz ugotować wcześniej lub zużyć pozostałości z obiadu. Zob. też przepisy s. 40-41.

KOKTAJL BŁONNIKOWO-BIAŁKOWY

Składniki na 1-2 porcje:

1/2 szklanki surowego brokuła, 3 mandarynki, banan, łyżeczka miodu, szklanka świeżo wyciśniętego soku pomarańczowego

Obierz mandarynki i zmiksuj z pozostałymi składnikami. Możesz też użyć gotowego soku pomarańczowego niepasteryzowanego.

PROTEINOWY SZEJK WZMACNIAJĄCY

Składniki na 1-2 porcje:

dojrzałe mango, 2 łyżki łuskanych ziaren konopi, 1/2 szklanki mrożonego groszku, łyżka soku z cytryny, szklanka wody

Mango przekrój wzdłuż przed pestką, natnij miąższ w szachownicę i odkrój. Zmiksuj wszystkie składniki.

BIAŁKOWY ZASTRZYK ENERGII

Składniki na 1-2 porcje:

1/2 szklanki ekspandowanego amarantusa, szklanka mleka migdałowego, (opcjonalnie z dodatkiem wanilii), szklanka truskawek (poza sezonem użyj mrożonych), łyżka miodu

Zmiksuj wszystkie składniki na gładki koktajl. Możesz go także przygotować w wersji płynnego szejka – amarantus wrzuć po zmiksowaniu innych składników, aby pozostały kuleczki do przegryzania. Wypij koktajl natychmiast po przyrządzeniu, bo amarantus nasiąka płynem i traci chrupkość. Ziarna amarantusa ekspandowane to prażona postać, do spożycia bez gotowania. W sprzedaży dostępne są także jako popping z amarantusa lub prażone ziarno amarantusa.

Brokuły są nie tylko doskonałym źródłem błonnika, ale i białka.

ZIARNA KONOPI to kompletny zestaw protein w idealnych proporcjach. Są łatwostrawne, pomagają odbudować tkankę mięśniową. Nie zawierają THC (substancji psychoaktywnej).

SZEJK O SMAKU CHAŁWY

Składniki na 1-2 porcje:

2 łyżki tahini, dojrzały banan, szklanka mleka ryżowego, łyżeczka miodu (opcjonalnie)

Zmiksuj wszystkie składniki.

WITAMINOWY KOKTAJL Z BIAŁKIEM

Składniki na 1-2 porcje:

1/2 główki sałaty rzymskiej, plaster świeżego ananasa grubości ok. 2 cm, dojrzała gruszka, dojrzały banan, po łyżce maku, sezamu i pestek dyni, szklanka wody

Sałatę umyj, ananasa obierz i wykrój twardy środek, z gruszki usuń gniazdo nasienne. Zmiksuj owoce z pozostałymi składnikami.

ZIELONE AMINOKWASY

Składniki na 1-2 porcje:

garść szpinaku, 2 kiwi, dojrzały banan, łyżeczka pyłku pszczelego, szklanka wody

Obrane owoce zmiksuj z pozostałymi składnikami. Zamiast świeżego szpinaku możesz użyć mrożonego brykietu.

PROTEINOWA BOMBA

Składniki na 1-2 porcje:

2 garści jarmużu, dojrzały banan, jabłko, łyżeczka sproszkowanej spiruliny, 1/2 łyżeczki cynamonu, szklanka wody naturalnej lub kokosowej

Umyj liście jarmużu, obierz owoce, z jabłka usuń gniazdo nasienne. Zmiksuj wszystkie składniki. Zamiast świeżych liści możesz użyć mrożonych brykietów, które coraz częściej spotyka się w sklepach.

Sezam i produkty pochodne, jak olej i pasta tahini (czyli masło sezamowe), zawierają 20% wysokiej jakości aminokwasów.

W 100 kcal **SAŁATY RZYMSKIEJ** JEST WIĘCEJ BIAŁKA NIŻ W 100 KCAL STEKU WOŁOWEGO.

MAK jest doskonałym źródłem wapnia (w 100 g znajduje się go aż 1266 mg, czyli 140% dziennego zapotrzebowania). Zawiera dużo witamin A, D, E oraz C, a także żelazo, miedź, mangan, magnez, cynk i fosfor.

Pyłek pszczeli nazywa się często cudowną odżywką, gdyż najważniejszą grupę związków biologicznie czynnych stanowią w nim białka i wolne aminokwasy (ich zawartość dochodzi do 12%).

NATURALNE IZOTONIKI Z OWOCAMI

NAPÓJ IZOTONICZNY TO SZYBKO WCHŁANIAJĄCY SIĘ PŁYN DLA SPORTOWCÓW, UZUPEŁNIAJĄCY ELEKTROLITY I MINERAŁY, UTRACONE PODCZAS WYSIŁKU FIZYCZNEGO. MOŻESZ PRZYGOTOWAĆ GO SAMODZIELNIE – TO PROSTE I ZDROWE! PAMIĘTAJ, ŻE ZE WZGLĘDU NA FUNKCJĘ NAPOJÓW IZOTONICZNYCH WIĘKSZE ZNACZENIE NIŻ ZAWARTOŚĆ CUKRU MAJĄ ILOŚĆ I PROPORCJE ELEKTROLITÓW. PIJ NAPOJE ZAWSZE W CZASIE TRENINGU I PO NIM.

IZOTONIK GREJPFRUTOWY

Składniki na 1-2 porcje:

czerwony grejpfrut, 1/2 łyżeczki spiruliny, 1/2 łyżeczki miodu, szczypta różowej soli himalajskiej, szklanka wody

Wyciśnij sok z grejpfruta, dodaj pozostałe składniki i zmiksuj.

IZOTONIK MELONOWY

Składniki na 1-2 porcje:

1/2 melona kantalup lub miodowego, 1/3 łyżeczki soku z limonki, szczypta różowej soli himalajskiej, łyżeczka miodu, 1/2 szklanki wody, 1/2 łyżeczki spiruliny (opcjonalnie)

Obierz melona, usuń pestki, zmiksuj owoc z pozostałymi składnikami. Koktajl będzie pyszny także z innymi odmianami melona – użyj go wtedy odpowiednio mniej lub więcej, w zależności od rozmiaru owocu.

Melon uznawany jest za naturalny izotonik ze względu na wysoką zawartość wody (aż 90%) i obecność minerałów takich jak magnez, potas i sód.

IZOTONIK ARBUZOWY

Składniki na 1-2 porcje:

duży kawałek arbuza (ok. 1/8 owocu), 1/2 łyżeczki soku z limonki, listek świeżej mięty, szczypta różowej soli himalajskiej

Zmiksuj wszystkie składniki do uzyskania jednolitej konsystencji. Możesz usunąć pestki arbuza albo je zmiksować – wówczas przecedź koktajl, jeśli wyczuwasz drobiny.

Arbuz jest idealnym owocem nawadniającym, gdyż składa się aż w 92% z wody, w dodatku bardzo łatwo przyswajalnej. Zawiera też witaminy A, C i niewielką ilość z grupy B, kwasy foliowy i pantotenowy oraz sole mineralne: wapń, magnez, fosfor, potas, sód, nieco miedzi, żelaza i cynku.

IZOTONIK CYTRYNOWY

Składniki na 1-2 porcje:

1/2 łyżeczki soku z cytryny, szczypta różowej soli himalajskiej, 1/2 łyżeczki miodu, szczypta chili (opcjonalnie), szklanka wody

Zmiksuj wszystkie składniki do uzyskania jednolitej konsystencji. Możesz dodać kilka truskawek, malin lub wiśni, także mrożonych – izotonik zyska na smaku i wartości.

NATURALNE IZOTONIKI Z WODĄ KOKOSOWĄ

WODA KOKOSOWA SZYBKO I SKUTECZNIE NAWADNIA ORGANIZM, A PRZY TYM DOSTARCZA BIAŁKA, BŁONNIKA ORAZ WITAMIN, MINERAŁÓW I MIKROELEMENTÓW. WEDŁUG PRZEPROWADZONYCH BADAŃ JEJ SKŁAD JEST ZBLIŻONY DO SKŁADU PŁYNÓW IZOTONICZNYCH PRZEZNACZONYCH DO WLEWÓW DOŻYLNYCH. PIJ KOKTAJLE Z WODĄ KOKOSOWĄ W CZASIE TRENINGU I BEZPOŚREDNIO PO NIM CZY INNYM WYSIŁKU FIZYCZNYM.

Kupuj tylko stuprocentową wodę kokosową, bez chemicznych dodatków i polepszaczy, a zwłaszcza cukru.

TRUSKAWKOWA WODA KOKOSOWA

Składniki na 1-2 porcje:
szklanka wody kokosowej, szklanka truskawek

Zmiksuj truskawki z wodą kokosową. Poza sezonem możesz przyrządzić koktajl z mrożonych owoców. To doskonały napój przed treningiem, w jego trakcie i po nim.

WZMOCNIONY IZOTONIK

Składniki na 1-2 porcje:
szklanka wody kokosowej, 1/2 melona, łyżeczka soku z cytryny,

Zmiksuj wszystkie składniki. Ten izotonik wykorzystuje właściwości nawadniające zarówno wody kokosowej, jak i melona.

KOKTAJL UZUPEŁNIAJĄCY ELEKTROLITY

Składniki na 1-2 porcje:
szklanka wody kokosowej, szklanka mrożonych owoców leśnych, 1/2 banana, szczypta cynamonu, szczypta sproszkowanej wanilii

Zmiksuj wszystkie składniki koktajlu.

IZOTONIK CZEKOLADOWY

Składniki na 1-2 porcje:
szklanka wody kokosowej, dojrzały banan, 3 daktyle, 1-2 łyżki naturalnego kakao (ziaren kakaowca) lub karobu

Namocz suszone daktyle na kilkanaście minut, po czym wylej wodę. Zmiksuj wszystkie składniki.

Truskawki są bogatym źródłem witaminy C, na którą sportowcy mają zwiększone zapotrzebowanie.

KOKTAJLE OCZYSZCZAJĄCE

KOKTAJLE MOGĄ USUWAĆ Z ORGANIZMU TOKSYNY, CZYŚCIĆ JELITA, WĄTROBĘ, NEUTRALIZOWAĆ ZŁOGI ORAZ DZIAŁAĆ REGENERUJĄCO. DZIĘKI PŁYNNEJ FORMIE ICH SKŁADNIKI ODŻYWCZE SZYBKO DOCIERAJĄ DO WŁAŚCIWYCH KOMÓREK CIAŁA I TAM DZIAŁAJĄ ZE ZDWOJONĄ SIŁĄ. OCZYSZCZAJĄCĄ MOC MAJĄ ZWŁASZCZA ZIELONE KOKTAJLE Z ROŚLIN LIŚCIASTYCH, CO ZAWDZIĘCZAMY CHLOROFILOWI.

KOKTAJLE Z ZIELONYMI WARZYWAMI

CHLOROFIL TO TAK ZWANA KREW ROŚLIN, A POD WZGLĘDEM BUDOWY PRZYPOMINA HEMOGLOBINĘ. PODCZAS GDY CENTRALNĄ CZĘŚĆ CZĄSTECZKI CHLOROFILU STANOWI MAGNEZ, W PRZYPADKU HEMOGLOBINY JEST NIĄ ŻELAZO. MA DZIAŁANIE OCZYSZCZAJĄCE, USUWA TOKSYNY, POZOSTAŁOŚCI PO LEKACH, CZYŚCI JELITA, POMAGA W REGENERACJI WĄTROBY, NEUTRALIZUJE PIERWIASTKI CIĘŻKIE W ORGANIZMIE, USUWA NIEPRZYJEMNY ODDECH I ZAPACH CIAŁA.

SZPINAKOWY CZYŚCICIEL

Składniki na 1-2 porcje:

2 garści świeżych liści młodego szpinaku, 2 czerwone grejpfruty, 1/2 łyżeczki startego świeżego imbiru, szklanka wody, łyżeczka miodu (opcjonalnie)

Wyciśnij sok z grejpfrutów, umyj liście szpinaku i zmiksuj wszystkie składniki. Można też użyć szpinaku w formie brykietów.

OCZYSZCZAJĄCY KOKTAJL Z KAPUSTĄ WŁOSKĄ

Składniki na 1-2 porcje:

3-4 liście kapusty włoskiej, 4 jabłka, sok z 1/2 cytryny, szklanka wody

Obierz jabłka i usuń gniazda nasienne. Umyj liście kapusty. Zmiksuj wszystkie składniki do uzyskania jednolitej konsystencji. Najlepsze są zewnętrzne liście kapusty – im bardziej zielone, tym więcej chlorofilu.

SELEROWY NEUTRALIZATOR TOKSYN

Składniki na 1-2 porcje:

3 laski selera naciowego, pomarańcza, 1/2 cytryny, 1/2 łyżeczki startego korzenia imbiru, łyżeczka siemienia lnianego, szklanka wody

Wyciśnij sok z cytryny i pomarańczy, zmiksuj z umytym selerem naciowym, imbirem i siemieniem lnianym, uzupełniając wodą. Możesz wzbogacić koktajl o płatki, np. owsiane. Dodaj 2-3 łyżki, najlepiej wcześniej namoczonych, i zmiksuj.

JARMUŻOWY WYMIATACZ

Składniki na 1-2 porcje:

2 garści jarmużu, 3 plastry świeżego ananasa grubości ok. 2 cm, sok z 1/2 cytryny, szklanka wody

Obierz ananasa, wytnij twardy środek, umyj jarmuż. Zmiksuj wszystkie składniki na gładki koktajl. Najlepiej używać świeżych liści jarmużu, ale sprawdzą się też mrożone, również w formie kostek.

KOKTAJLE Z HERBATĄ

ZAPARZONA I OSTUDZONA HERBATA MOŻE BYĆ ŚWIETNĄ BAZĄ PŁYNNĄ DO KOKTAJLI. WIELE HERBAT ORAZ NAPARÓW Z ZIÓŁ DZIAŁA OCZYSZCZAJĄCO, WARTO WIĘC WYKORZYSTAĆ TE WŁAŚCIWOŚCI, PRZYRZĄDZAJĄC KOKTAJLE. NAPAR HERBACIANY POWTÓRNIE ZALANY JEST BOGATSZY W SKŁADNIKI MINERALNE, ZWŁASZCZA W MANGAN I FLUOR. WILGOTNYCH LIŚCI ZIELONEJ HERBATY NIE POWINNO SIĘ JEDNAK PRZECHOWYWAĆ DŁUŻEJ NIŻ DWANAŚCIE GODZIN, GDYŻ MOGĄ ROZWINĄĆ SIĘ NA NICH NIEBEZPIECZNE GRZYBY.

Biała herbata jest mniej przetworzona w porównaniu do czarnej czy zielonej, dlatego zawiera więcej składników odżywczych.

SZARLOTKOWY CZYSTEK

Składniki na 1-2 porcje:

szklanka naparu z czystka (łyżeczka ziół na szklankę), 3 jabłka, łyżeczka soku z cytryny, 1/2 banana, szczypta cynamonu

Zaparz czystek, jabłka obierz i usuń gniazda nasienne. Przestudzony napar ziołowy zmiksuj z pozostałymi składnikami. Może być lekko ciepły – koktajl smakuje wtedy jak szarlotka na ciepło.

KOKTAJL ODTRUWAJĄCY

Składniki na 1-2 porcje:

garść liści pietruszki, 2 kiwi, 2 jabłka, sok z 1/2 cytryny, szklanka czerwonej herbaty (Pu-erh)

Zaparz i ostudź herbatę, obierz kiwi i jabłka, z tych ostatnich usuń gniazda nasienne. Zmiksuj wszystkie składniki na gładki koktajl.

KOKTAJL Z BIAŁĄ HERBATĄ

Składniki na 1-2 porcje:

garść świeżej natki pietruszki, dojrzały banan, szklanka białej herbaty

Zaparz krótko białą herbatę, ostudź i zmiksuj z umytymi liśćmi pietruszki i bananem.

KOKTAJL HERBACIANO-BORÓWKOWY

Składniki na 1-2 porcje:

1 i 1/2 szklanki zielonej herbaty, łyżka soku z cytryny, garść borówek

Zaparz herbatę i ostudź. Zmiksuj wszystkie składniki. Herbata zielona używana jako baza do koktajli nie może być zbyt mocna, gdyż wówczas jej smak dominuje.

Czerwona herbata Pu-erh ma właściwości przeciwutleniające, oczyszcza organizm z toksyn, wspomaga pracę wątroby i obniża poziom cholesterolu. Jej liście można zaparzać kilkakrotnie.

KOKTAJLE Z CHLOROFILEM

WIELE PRODUKTÓW Z KATEGORII SUPERŻYWNOŚCI (ANG. *SUPERFOODS*), ZWŁASZCZA SPROSZKOWANE ALGI CZY TRAWY, ZAWIERA BARDZO DUŻĄ ILOŚĆ CHLOROFILU, KTÓRY MA SILNE DZIAŁANIE OCZYSZCZAJĄCE, REGULUJĄCE I WZMACNIAJĄCE. ZALICZAMY DO NICH MIĘDZY INNYMI: CHLORELLĘ, SPIRULINĘ, MŁODY JĘCZMIEŃ I MŁODĄ PSZENICĘ.

POGROMCA TOKSYN

Składniki na 1-2 porcje:

2 pomidory, papryka czerwona, 2 dojrzałe banany, łyżka sproszkowanej młodej pszenicy

Zmiksuj wszystkie składniki. Jeśli masz słabszy blender, pomidory obierz ze skórki. Jeśli wolisz rzadszy koktajl, uzupełnij go wodą według uznania. Nie zrażaj się brunatnym kolorem koktajlu, w smaku jest przepyszny.

PORANNY DETOKS ENERGETYZUJĄCY

Składniki na 1-2 porcje:

2 liście sałaty rzymskiej, 2 czerwone grejpfruty, łyżeczka nasion chia, łyżeczka sproszkowanej chlorelli, 1/2 łyżeczki startego korzenia imbiru, szczypta chili

Umyj sałatę i obierz grejpfruta. Zmiksuj wszystkie składniki do uzyskania jednolitej konsystencji. Jeżeli wolisz bardziej płynny koktajl, rozcieńcz go wodą.

ZIELONA CHAŁWA

Składniki na 1-2 porcje:

2 łyżki tahini, dojrzały banan, łyżeczka sproszkowanego młodego jęczmienia, szklanka mleka ryżowego, łyżeczka miodu (opcjonalnie)

Zmiksuj wszystkie składniki na gładki koktajl. W razie potrzeby dosłódź miodem. Możesz użyć też innego mleka roślinnego, np. owsianego, migdałowego czy orzechowego.

KOKTAJL REGENERUJĄCY

Składniki na 1-2 porcje:

pęczek pietruszki, pomarańcza, mango, 1/3 łyżeczki spiruliny, 1/2 szklanki wody (opcjonalnie)

Mango przekrój wzdłuż przed pestką, natnij miąższ w szachownicę i odkrój. Obierz pomarańczę, umyj pietruszkę i zmiksuj wszystkie składniki. Jeżeli wolisz bardziej płynną wersję, dodaj 1/2 szklanki wody.

Chlorella w naturalny sposób oczyszcza organizm z toksyn, gdyż jako jedna z nielicznych roślin pochłania metale ciężkie i zanieczyszczenia prosto z jelit (zob. s. 15).

SPIRULINA WSPOMAGA USUWANIE TOKSYN I STYMULUJE WZROST KOMÓREK ORAZ ICH REGENERACJĘ. REGULARNE SPOŻYWANIE POPRAWIA FUNKCJONOWANIE ORGANIZMU I KONDYCJĘ (ZOB. S. 15).

MŁODY JĘCZMIEŃ ma wszechstronne działanie zdrowotne – oczyszcza i regeneruje, wspomaga koncentrację, opóźnia procesy starzenia, pomaga w walce z nadwagą, zapobiega zaparciom, bólom głowy zaburzeniom snu, chronicznemu zmęczeniu i depresji, pomaga obniżyć poziom złego cholesterolu, reguluje PH organizm (zob. s. 16).

WIĘCEJ PRZEPISÓW NA KOKTAJLE Z SUPERŻYWNOŚCIĄ ZNAJDZIESZ NA S. 52, 146.

Młoda pszenica wspomaga detoks całego organizmu, wspiera pracę wątroby i układu krwionośnego. Nie jest ziarnem, więc nie zawiera glutenu (zob. s. 16).

KOKTAJLE Z BURAKIEM

BURAKI ZAWIERAJĄ DUŻE ILOŚCI WITAMIN I MINERAŁÓW, ZWŁASZCZA ŻELAZA I POTASU. SĄ NIEZASTĄPIONE W PROFILAKTYCE I LECZENIU NOWOTWORÓW. ZWALCZAJĄ WOLNE RODNIKI, OCZYSZCZAJĄ KREW I WSPOMAGAJĄ ORGANIZM W ANEMII, NIEDOKRWISTOŚCI I PO CHEMIOTERAPII. POBUDZAJĄ KRĄŻENIE KRWI, OBNIŻAJĄ CIŚNIENIE I ZAPOBIEGAJĄ CHOROBOM SERCA. SĄ TEŻ NISKOKALORYCZNE ORAZ BOGATE W BŁONNIK. PRZYSPIESZAJĄ PRZEMIANĘ MATERII, HAMUJĄ APETYT NA SŁODYCZE ORAZ REDUKUJĄ TKANKĘ TŁUSZCZOWĄ. KRÓTKO MÓWIĄC, SĄ TO NIEZASTĄPIONE SKŁADNIKI KOKTAJLI!

POBUDZAJĄCY PORANNY DETOKS

Składniki na 1-2 porcje:

burak, 2-3 marchewki, 1/2 cytryny, 1/2 łyżeczki startego korzenia imbiru

Wyciśnij sok z 1/2 cytryny i obierz marchewki oraz buraka. Starty świeży korzeń imbiru połącz z warzywami i sokiem z cytryny. Zmiksuj z wodą do uzyskania jednolitej konsystencji.

CYTRYNOWO-JABŁKOWY BURACZEK

Składniki na 1-2 porcje:

burak, 2 jabłka, cytryna, szklanka wody, łyżeczka siemienia lnianego lub nasion chia (opcjonalnie)

Wyciśnij sok z cytryny, obierz buraka i jabłka, usuń gniazda nasienne. Zmiksuj warzywa i owoce z wodą na gładki koktajl.

ODKWASZAJĄCY MIKS

Składniki na 1-2 porcje:

burak, 2 garści świeżych liści szpinaku, 2 grejpfruty, 1/2 szklanki wody (opcjonalnie)

Wyciśnij sok z grejpfrutów, buraka obierz, liście szpinaku umyj. Zmiksuj wszystkie składniki. Jeśli grejpfruty są niezbyt soczyste, dolej wodę, aby uzyskać rzadszy koktajl. Możesz również dodać superżywność, np. sproszkowany młody jęczmień czy pszenicę albo algi, wzbogacając działanie odkwaszające.

KOKTAJL HAMUJĄCY APETYT

Składniki na 1-2 porcje:

burak, 2 ogórki gruntowe, pomarańcza, 1/2 łyżeczki kurkumy, 1/2 szklanki wody

Zmiksuj umyte i obrane warzywa i owoce. Zamiast pomarańczy możesz też użyć 2-3 mandarynek.

dzięki oczyszczającemu
działaniu buraków,
zwłaszcza na wątrobę,
są one idealnym
warzywem na... kaca.

KOKTAJLE MARCHWIOWO-OWOCOWE

SOKI LUB KOKTAJLE PRZECIEROWE NA BAZIE MARCHEWKI TO ULUBIONE SMAKI DZIECI I DOROSŁYCH. O WIELE ZDROWIEJ ZMIKSOWAĆ KOKTAJL LUB WYCISNĄĆ SOK Z WARZYW NIŻ PIĆ PASTERYZOWANY Z BUTELKI. ŚWIEŻE WARZYWA I OWOCE ZAWIERAJĄ POTRZEBNE ORGANIZMOWI WITAMINY, TAKIE JAK: A, E, C, B I KWAS FOLIOWY, ORAZ MINERAŁY: POTAS, WAPŃ, MAGNEZ, CYNK, A TAKŻE PRZECIWUTLENIACZE. PIJ CODZIENNIE ŚWIEŻE SOKI LUB KOKTAJLE, A WKRÓTCE POCZUJESZ ICH OCZYSZCZAJĄCĄ MOC.

NAPÓJ MARCHWIOWY Z NUTĄ IMBIRU

Składniki na 1-2 porcje:

4 marchewki, kawałek korzenia imbiru grubości ok. 1 cm, łyżeczka kurkumy, szklanka wody lub mleka roślinnego

Imbir zetrzyj na tarce, jeśli masz słabszy blender. Umyte marchewki obierz. Zmiksuj wszystkie składniki do uzyskania jednolitej konsystencji. Możesz też wycisnąć sok z marchwi i imbiru – daj wtedy więcej marchewek i mniej wody.

KOKTAJL MARCHWIOWO-POMARAŃCZOWY

Składniki na 1-2 porcje:

3 marchewki, 2 pomarańcze, 1/2 szklanki wody, garść rodzynek (opcjonalnie)

Obierz umyte marchewki oraz pomarańcze. Zmiksuj wszystkie składniki. Możesz dosłodzić koktajl, miksując całość z rodzynkami. Jeśli wyciskasz sok z marchwi i pomarańczy, zmień proporcje – daj więcej warzyw i owoców, a mniej wody.

Do rozcieńczenia koktajlu idealnie nadaje się delikatne mleko ryżowe, ale sprawdzą się także inne rodzaje, np. owsiane, quinoa, migdałowe czy orzechowe.

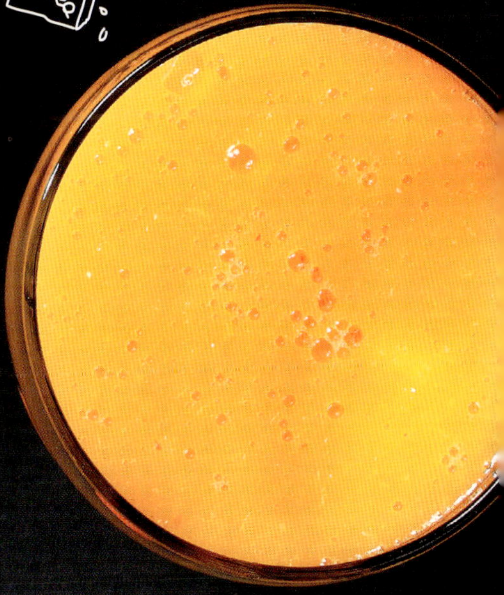

KOKTAJL MARCHWIOWO-JABŁKOWY

Składniki na 1-2 porcje:
3 marchewki, 2 jabłka, łyżeczka cynamonu, szklanka wody

Obierz umyte marchewki i jabłka, usuń gniazda nasienne. Zmiksuj wszystkie składniki. Możesz też wycisnąć sok z marchwi i jabłek – weź ich wtedy więcej, a wody mniej.

KOKTAJL MARCHWIOWO-TRUSKAWKOWY

Składniki na 1-2 porcje:
3 marchewki, szklanka truskawek, szklanka wody lub mleka ryżowego

Obierz umyte marchewki, zmiksuj z truskawkami na gładki mus, uzupełnij wodą lub mlekiem. Poza sezonem możesz użyć mrożonych truskawek – wyjmij je wcześniej z zamrażarki, żeby lekko odtajały.

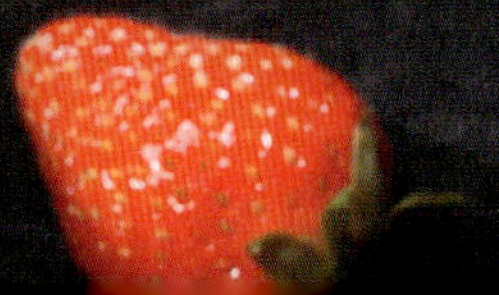

KOKTAJLE WSPOMAGAJĄCE WĄTROBĘ

WĄTROBA TO JEDEN Z NAJWAŻNIEJSZYCH I NAJWIĘKSZYCH NARZĄDÓW, ODPOWIADA ZA POCHŁANIANIE, NEUTRALIZOWANIE I USUWANIE TOKSYN ORAZ ODCIĄŻA INNE ORGANY, PRODUKUJĄC ŻÓŁĆ I PRZECHOWUJĄC CENNE SKŁADNIKI KRWI. ABY WSPOMÓC JEJ FUNKCJONOWANIE, PIJ KOKTAJLE OCZYSZCZAJĄCE WZBOGACONE O SKŁADNIKI OCHRONNE I REGENERUJĄCE TKANKI WĄTROBOWE, REGULUJĄCE PRZEMIANĘ TŁUSZCZÓW ORAZ DZIAŁAJĄCE ŻÓŁCIOTWÓRCZO. TAKIE WŁAŚCIWOŚCI MAJĄ MIĘDZY INNYMI OSTROPEST PLAMISTY, PYŁEK PSZCZELI, KWAS ASKORBINOWY, CZYLI WITAMINA C, ORAZ KURKUMA.

ODTRUWANIE NA ZIELONO

Składniki na 1-2 porcje:

4 liście sałaty rzymskiej, garść roszponki, garść szpinaku, dojrzały banan, 1/2 awokado, 2 łyżeczki ostropestu plamistego

Awokado przekrój na pół wzdłuż pestki i wybierz miąższ łyżką. Umyj zielone liście i zmiksuj wszystkie składniki.

DELIKATNY DETOKS

Składniki na 1-2 porcje:

szklanka mleka migdałowego, szklanka truskawek (mogą być mrożone), 2 łyżeczki pyłku pszczelego

Zmiksuj wszystkie składniki i delektuj się smakiem truskawkowego koktajlu mlecznego, który odtruje wątrobę dzięki zawartości pyłku pszczelego o właściwościach detoksykacyjnych.

KONCENTRAT OWOCOWO-WARZYWNY

Składniki na 1-2 porcje:

2 słodkie jabłka, 2 marchewki, 2 ogórki, laska selera naciowego, łyżeczka soku z cytryny

Obierz umyte owoce, z jabłek usuń gniazda nasienne. Zmiksuj wszystkie składniki. Jeśli wolisz rzadszy koktajl, uzupełnij wodą według uznania.

Marchew zawiera wiele witamin i minerałów, w tym witaminę A i C oraz z grupy B, wapń, fosfor i potas, a cytryna – kwas askorbinowy. Jabłka są zaś bogate w przeciwutleniacze. Składniki te pomagają w oczyszczeniu wątroby i pozbyciu się złogów.

CZYŚCICIEL WĄTROBY

Składniki na 1-2 porcje:

czerwony grejpfrut, 2 cytryny, 2 jabłka, ząbek czosnku, 1/2 łyżeczki startego korzenia imbiru, łyżeczka siemienia lnianego, lub oleju lnianego, łyżeczka kurkumy, 1/2 szklanki wody (opcjonalnie)

Obierz owoce, z jabłek usuń gniazda nasienne, zmiksuj wszystkie składniki. Jeśli wolisz bardziej płynny koktajl, dodaj wodę i zmiksuj ponownie. Koktajl pij codziennie co najmniej przez tydzień.

Kurkuma pomaga w regeneracji komórek wątroby i zwiększa produkcję żółci, przez co zapobiega jej zaleganiu. Związki śluzowe zawarte w nasionach lnu działają ochronnie, powlekając błony śluzowe przełyku, żołądka i częściowo dwunastnicy.

Zawsze używaj świeżych owoców i wyciskaj z nich sok bezpośrednio przed przyrządzeniem koktajlu.

KOKTAJLE POBUDZAJĄCE

KOKTAJLE OWOCOWO-WARZYWNE SĄ MOCNO ENERGETYZUJĄCE. DOSTARCZANA RANO DAWKA WITAMIN POBUDZA ORGANIZM, DODAJE ENERGII I CHĘCI DO DZIAŁANIA. PORANEK ROZPOCZĘTY KOKTAJLEM TO JAK ŚWIEŻO ZATANKOWANY SAMOCHÓD, MOŻESZ BYĆ PEWIEN, ŻE PALIWA STARCZY CI NA CAŁY DZIEŃ.

KOKTAJLE Z ZIELENINĄ

ZIELONE KOKTAJLE, CZYLI LIŚCIE ZMIKSOWANE Z OWOCAMI, SĄ DOSKONAŁYM SPOSOBEM NA UZUPEŁNIENIE DZIENNEJ DAWKI WITAMIN I MINERAŁÓW W SMACZNEJ, WYGODNEJ FORMIE. W ZESTAWIENIU Z BOGACTWEM ROŚLINNYCH ŻYWYCH ENZYMÓW DAJĄ ZASTRZYK ENERGII NA CAŁY DZIEŃ I ZAPEWNIAJĄ REGENERACJĘ ORGANIZMU ORAZ SPRAWNOŚĆ MÓZGU. OD DZIŚ ZAMIAST MAŁEJ CZARNEJ – SZKLANECZKA ZIELONEGO KOKTAJLU.

MIĘTOWE ORZEŹWIENIE

Składniki na 1-2 porcje:

garść świeżych liści mięty, 2 pomarańcze, banan, 1/2 szklanki wody

Liście mięty umyj, a owoce obierz. Zmiksuj wszystkie składniki. Zamiast pomarańczy w całości, możesz dodać sok wyciśnięty z tych owoców, ale będzie wówczas mniej błonnika i pektyny, które są w błonkach. Koktajl smakuje wybornie również z grejpfrutem zamiast pomarańczy. Pamiętaj wówczas o dodatkowej porcji wody w ilości 100 ml.

Sproszkowana kurkuma ma między innymi działanie łagodzące smutki i depresję. Bez żadnych skutków ubocznych poprawia nastrój, odgania zniechęcenie i senność. W okresie jesiennej pluchy warto dosmaczyć poranek szczyptą tej przyprawy w zielonym koktajlu.

ZIELONA ENERGIA

Składniki na 1-2 porcje:

garść pietruszki, 2 laski selera naciowego, 3 kiwi, 1/2 awokado, świeży ogórek, jabłko, szklanka wody

Awokado przekrój na pół wzdłuż pestki i wybierz miąższ łyżką. Umyj liście pietruszki i laski selera naciowego, obierz kiwi, ogórka i jabłko, usuń też z niego gniazdo nasienne. Zmiksuj wszystkie składniki. Pij rano na śniadanie.

ŚNIADANIOWA MOC

Składniki na 1-2 porcje:

garść roszponki, dojrzały banan, 2 plastry świeżego ananasa grubości ok. 2 cm, szklanka wody

Umyj roszponkę, obierz owoce, z plastrów ananasa odkrój twardy środek. Zmiksuj wszystkie składniki.

KOKTAJL NA DOBRY NASTRÓJ

Składniki na 1-2 porcje:

3 garści świeżych liści szpinaku, 2 dojrzałe banany, 1/2 cytryny, 1/2 łyżeczki kurkumy, szklanka wody

Umyj liście szpinaku, wyciśnij sok z cytryny i zmiksuj wszystkie składniki na jednolity koktajl.

PIETRUSZKOWY DOPALACZ

Składniki na 1-2 porcje:

garść liści pietruszki, dojrzały banan, 1/2 szklanki malin, łyżka siemienia lnianego, szklanka mleka ryżowego

Umyj liście pietruszki i zmiksuj z pozostałymi składnikami na gładki koktajl. Poza sezonem możesz użyć mrożonych malin.

ZIELONY MIKS ENERGETYCZNY

Składniki na 1-2 porcje:

4 liście sałaty rzymskiej, 1/2 dużego świeżego ogórka, 1/2 zielonej papryki, gruszka, banan, 1/2 cytryny, szklanka wody

Sałatę umyj, ogórek, banana i gruszkę obierz, usuń z tej ostatniej gniazdo nasienne. Wyciśnij sok z cytryny i zmiksuj wszystkie składniki.

Do koktajli z zielonolistnymi warzywami należy używać mocno dojrzałych owoców. Zawierają one przede wszystkim cukry, a fruktoza dużo szybciej i łatwiej się trawi oraz uwalnia energię.

PORANNY KOPNIAK

Składniki na 1-2 porcje:
mała garść rukoli, 2 dojrzałe mango, łyżka siemienia lnianego, szklanka wody

Mango przekrój wzdłuż przed pestką, natnij miąższ w szachownicę i odkrój. Zmiksuj z umytymi liśćmi rukoli i siemieniem lnianym. Uzupełnij wodą, zmiksuj ponownie do uzyskania jednolitej konsystencji. Jeśli nie chcesz, by smak rukoli dominował, daj dosłownie 2-3 listki, chyba że są wyjątkowo delikatne i niezbyt ostre.

WYBUCHOWY KOPEREK

Składniki na 1-2 porcje:
garść świeżego koperku, jabłko, czerwony grejpfrut, 1/2 owocu granatu, 1/2 szklanki wody

Umyj koperek, obierz owoce, z jabłka usuń gniazdo nasienne, wyciśnij sok z grejpfruta. Pestki z granatu zmiksuj z pozostałymi składnikami. Możesz użyć zamiast soku całego grejpfruta z białymi błonkami – koktajl będzie bogatszy w pektyny i błonnik. W razie potrzeby daj wówczas więcej wody.

KOKTAJLE OWOCOWE

OWOCOWY MIKS SZYBKO DOSTARCZY NIEZBĘDNYCH SKŁADNIKÓW ODŻYWCZYCH, NIE OBCIĄŻY PRZY TYM ŻOŁĄDKA I POZWOLI NA ENERGETYCZNE ROZPOCZĘCIE DNIA. KOKTAJLE TAKIE MAJĄ INTENSYWNY SMAK, ŁATWO WIĘC PRZEMYCIĆ DODATKOWE SKŁADNIKI. MOŻESZ JE WZBOGACIĆ, DODAJĄC KORZYSTNE DLA ZDROWIA PRZYPRAWY, ZIARNA, PESTKI, ORZECHY CZY SUPERŻYWNOŚĆ. CIEKAWYM I SMACZNYM ROZWIĄZANIEM JEST UZUPEŁNIANIE ICH MLEKIEM ROŚLINNYM.

KOKTAJL EGZOTYCZNY

Składniki na 1-2 porcje:

dojrzałe mango, 3 plastry świeżego ananasa, grubości ok. 2 cm, kiwi, 1/2 szklanki wody

Mango przekrój wzdłuż przed pestką, natnij miąższ w szachownicę i odkrój. Kiwi i ananasa obierz, odkrój z plastrów twardy środek. Zmiksuj na gładki koktajl.

PYCHOTA Z SAMYCH OWOCÓW

Składniki na 1-2 porcje:

banan, jabłko, szklanka soku z 2-4 czerwonych pomarańczy

Banana i jabłko obierz, usuń gniazdo nasienne. Zmiksuj z sokiem do uzyskania jednolitej konsystencji. Poza sezonem na czerwone pomarańcze możesz użyć innej odmiany.

MIKS BANANOWO-POMARAŃCZOWY

Składniki na 1-2 porcje:

pomarańcza, banan, 1/2 łyżeczki startego korzenia imbiru, łyżeczka miodu, szklanka wody

Obierz owoce i zmiksuj z pozostałymi składnikami na gładki koktajl.

OWOCOWA ORANŻADA

Składniki na 1-2 porcje:

2 garści winogron, łyżeczka świeżo startego korzenia imbiru, 2 plastry świeżego ananasa grubości ok. 2 cm, jabłko, 1/2 szklanki wody

Plastry ananasa obierz ze skóry, wykrój twardy środek, umyj winogrona i jabłko, usuń z niego gniazdo nasienne. Zmiksuj wszystkie składniki.

KOKTAJLE PODNOSZĄCE LIBIDO

JUŻ W STAROŻYTNOŚCI WIERZONO, ŻE PEWNE PRODUKTY ZAPEWNIAJĄ PŁODNOŚĆ I WIGOR, POPRAWIAJĄ SPRAWNOŚĆ SEKSUALNĄ I DODAJĄ ENERGII. NATURALNE AFRODYZJAKI CZĘSTO SPOTYKANE W KUCHNI, JAK LUBCZYK CZY OWOC GRANATU, MOŻEMY ŚMIAŁO STOSOWAĆ W KOKTAJLACH POBUDZAJĄCYCH. W PODOBNY SPOSÓB DZIAŁAJĄ TEŻ AWOKADO, CHILI, WANILIA, POŁĄCZENIE CZEKOLADY Z BANANEM LUB SPROSZKOWANY KORZEŃ MACA.

FENKUŁ I GRANAT są od stuleci uznawane za potężne afrodyzjaki. Substancje zawarte w surowym koprze włoskim działają relaksująco na układ nerwowy, wzmagają podniecenie i wzmacniają potencję u mężczyzn. Granat natomiast, symbol nieśmiertelności i zmysłowości, dodaje sił witalnych oraz zwiększa ochotę na fizyczną bliskość.

PODNIECAJĄCY NAPÓJ Z FENKUŁEM

Składniki na 1-2 porcje:

1/2 bulwy fenkułu (kopru włoskiego), 1/2 szklanki pestek granatu, pomarańcza, 3 suszone figi, szklanka wody

Namocz suszone figi co najmniej na pół godziny. Umyj koper włoski i obierz pomarańczę. Odcedzone figi zmiksuj z pozostałymi składnikami do uzyskania jednolitej konsystencji.

BORÓWKOWY AFRODYZJAK

Składniki na 1-2 porcje:

szklanka borówek amerykańskich, łyżka sproszkowanego korzenia maca, szklanka mleka migdałowego

Umyj owoce i zmiksuj z mlekiem oraz korzeniem maca na gładki koktajl.

CZEKOLADOWY AFRODYZJAK

Składniki na 1-2 porcje:

garść orzechów nerkowca, 2 banany, 1-2 łyżki naturalnego kakao (ziaren kakaowca) lub karobu , 1/2 łyżeczki cynamonu, 3 daktyle, szklanka wody, 1/2 awokado (opcjonalnie)

Namocz na pół godziny orzechy nerkowca i daktyle, jeśli używasz suszonych. Odcedź je i zmiksuj wszystkie składniki. Jeśli chcesz zwiększyć energetyczność i sytość koktajlu, dodaj awokado.

PYSZNY KOKTAJL MIŁOŚCI

Składniki na 1-2 porcje:

1/2 awokado, banan, 1/2 szklanki malin, szczypta chili, 1/2 łyżeczki sproszkowanej wanilii, 1/2 szklanki mleka ryżowego

Awokado przekrój na pół wzdłuż pestki i wybierz miąższ łyżką, zmiksuj z pozostałymi składnikami. Poza sezonem użyj mrożonych malin.

Korzeń maca należy do rodziny rzodkiewek uprawianych w Andach. To znany od tysiącleci naturalny afrodyzjak. Reguluje także gospodarkę hormonalną i zwiększa płodność (zob. też s. 21).

KOKTAJLE Z NATURALNYMI SKŁADNIKAMI POBUDZAJĄCYMI

NATURALNE DOPALACZE TO ROŚLINNE SKŁADNIKI WSPOMAGAJĄCE ORGANIZM, NA PRZYKŁAD GUARANA, ZIELONA KAWA, ZIELONA HERBATA, IMBIR, YERBA MATE. ZALICZAMY DO NICH RÓWNIEŻ PRZYPRAWY TAKIE JAK: KURKUMA, IMBIR, CYNAMON, PIEPRZ, PAPRYKA. WSZYSTKIE ONE DZIAŁAJĄ POBUDZAJĄCO, A OPRÓCZ TEGO POPRAWIAJĄ PAMIĘĆ I KONCENTRACJĘ ORAZ STABILIZUJĄ POZIOM CUKRU.

MIKS NA DZIEŃ DOBRY

Składniki na 1-2 porcje:

garść szpinaku, 2 banany, łyżeczka sproszkowanej guarany, szklanka wody

Umyj szpinak i zmiksuj z pozostałymi składnikami. Pij koktajl na śniadanie.

MELONOWA HERBATA

Składniki na 1-2 porcje:

1/4 melona miodowego, szklanka zielonej herbaty

Zaparz i wystudź herbatę, zmiksuj z obranym i pozbawionym pestek melonem. Zamiast zielonej herbaty możesz użyć ulubionej yerba mate, która pobudza, likwiduje zmęczenie, poprawia koncentrację i podnosi sprawność intelektualną.

Zielona kawa działa pobudzająco, a ponadto poprawia metabolizm, hamuje apetyt i zapobiega wielu chorobom.

KOKTAJL NA SZYBKĄ POBUDKĘ

Składniki na 1-2 porcje:

dojrzałe mango, kiwi, plaster świeżego ananasa grubości ok. 2 cm, szklanka herbaty miętowej

Zaparz i wystudź herbatę. Mango przekrój wzdłuż przed pestką, natnij miąższ w szachownicę i odkrój. Kiwi obierz ze skórki. Z ananasa wykrój twardy środek. Zmiksuj wszystkie składniki.

MIKS ENERGETYZUJĄCY

Składniki na 1-2 porcje:

1/2 szklanki borówek amerykańskich, banan, 4 orzechy włoskie, 4 śliwki, szklanka zielonej kawy

Namocz orzechy co najmniej na godzinę, odcedź wodę. Zaparz i wystudź zieloną kawę. Umyte owoce i wypestkowane śliwki zmiksuj z pozostałymi składnikami na gładki koktajl.

Sproszkowana guarana jest idealnym składnikiem koktajlu energetyzującego, gdyż zawiera więcej kofeiny niż kawa, a efekt stymulujący utrzymuje się nawet do sześciu godzin bez skutków uzależniających (zob. też s. 20).

Herbata miętowa nie tylko pobudza trawienie, ale też usuwa zmęczenie i dodaje energii.

MARCHEWKOWY DYNAMIT

Składniki na 1-2 porcje:

2 marchewki, 2 grejpfruty, łyżeczka startego korzenia imbiru, 1/2 szklanki wody

Obierz marchewki i grejpfruty, zmiksuj z imbirem do uzyskania gładkiego musu, uzupełnij wodą i zmiksuj ponownie. Pij rano, na dobry początek dnia.

AMBROZJA PEŁNA ENERGII

Składniki na 1-2 porcje:

2 dojrzałe mango, 2 dojrzałe kiwi, szczypta chili, 1/2 szklanki wody

Mango przekrój wzdłuż przed pestką, natnij miąższ w szachownicę i odkrój. Kiwi obierz ze skórki. Zmiksuj wszystkie składniki.

NATURALNY DOPING

Składniki na 1-2 porcje:

grejpfrut, 1/2 surowego buraka, laska selera naciowego, 1/2 łyżeczki startego korzenia imbiru, szklanka wody

Umyte owoce i warzywa obierz, zmiksuj wszystkie składniki do uzyskania jednolitej konsystencji i pij na zdrowie.

KAWA MALINOWA

Składniki na 1-2 porcje:

filiżanka espresso, 1/2 szklanki mrożonych malin, szklanka mleka migdałowego, łyżeczka miodu (opcjonalnie)

Mleko migdałowe wlewamy do słoika, zakręcamy i mocno potrząsamy, aby się ubiło. Pozostałe składniki miksujemy i łączymy ze spienionym mlekiem.

to naturalne dopalacze. Sok z nich ma właściwości podobne do kofeiny i podnosi wydolność organizmu.

Więcej przepisów na koktajle z kawą znajdziesz na s. 200-201.

KOKTAJLE SEZONOWE

WIELE WARZYW I OWOCÓW, DZIĘKI IMPORTOWI Z ZAGRANICY, JEST DOSTĘPNYCH PRZEZ CAŁY ROK. JEDNAK CZĘŚĆ Z NICH POZOSTAJE NADAL PRODUKTAMI TYPOWO SEZONOWYMI, A Z KOLEI CAŁOROCZNE MAJĄ NAJWIĘCEJ SKŁADNIKÓW ODŻYWCZYCH WŁAŚNIE W SEZONIE I WTEDY WARTO SPOŻYWAĆ ICH JAK NAJWIĘCEJ Z KORZYŚCIAMI DLA ZDROWIA. MIKSUJMY WIĘC CODZIENNIE PYSZNE, ŚWIEŻE I ZDROWE KOKTAJLE.

KOKTAJLE Z NOWALIJKAMI

NOWALIJKI BUDZĄ KONTROWERSJE. ZE WZGLĘDU NA WARUNKI, W JAKICH SĄ HODOWANE, ORAZ ILOŚĆ UŻYWANYCH NAWOZÓW PANUJE POWSZECHNE PRZEKONANIE, ŻE WARZYWA TE KUMULUJĄ TYLKO SZKODLIWE PIERWIASTKI. WARTO PAMIĘTAĆ, ŻE MAJĄ TAKŻE WITAMINY I MIKROELEMENTY. NIE NALEŻY JEDNAK SPOŻYWAĆ ZBYT DUŻO NOWALIJEK, PONIEWAŻ MOGĄ ZAWIERAĆ AZOTANY.

MIGDAŁOWA DYMKA

Składniki na 1-2 porcje:

1/2 dojrzałego awokado, garść migdałów, cebula dymka, 200 ml wody, prażony sezam i cebula dymka do posypania

Namocz migdały co najmniej na 2 godziny, odlej wodę. Awokado przekrój na pół wzdłuż pestki i wybierz miąższ łyżką. Zmiksuj z migdałami, cebulą oraz wodą do uzyskania jednolitej konsystencji. Przed podaniem posyp prażonym sezamem i pokrojoną dymką.

FESTIWAL SAŁATKOWY

Składniki na 1-2 porcje:

garść sałaty masłowej, kilka liści młodej sałaty rzymskiej, garść młodych liści szpinaku, czerwony grejpfrut, banan, łyżeczka cynamonu, 150 ml wody, łyżeczka miodu (opcjonalnie)

Umyj zielone liście, wyciśnij sok z grejpfruta, zmiksuj wszystkie składniki do uzyskania jednolitej konsystencji. Opcjonalnie dosłódź miodem. Jeśli lubisz grejpfruty, użyj całego owocu. Koktajl będzie bardziej gęsty i gorzki, ale za to z pektynami i większą ilością błonnika pokarmowego.

KOKTAJL WARZYWNY Z MŁODĄ MARCHEWKĄ

Składniki na 1-2 porcje:

3 młode marchewki, pomarańcza, 1/2 łyżeczki startego korzenia imbiru, garść ziaren, słonecznika, 1/2 ząbka czosnku, 1/2 łyżeczki kurkumy, sól i pieprz do smaku, 250 ml wody, najlepiej ciepłej

Namocz ziarna słonecznika co najmniej na pół godziny, odcedź, zmiksuj z obraną młodą marchewką, pomarańczą i czosnkiem. Dodaj imbir, przyprawy i wodę, zmiksuj ponownie. Koktajl z dodatkiem ciepłej wody przypomina w smaku wiosenną zupę.

RZODKIEWKOWA ŚWIEŻOŚĆ

Składniki na 1-2 porcje:

6 rzodkiewek z młodymi liśćmi, 1/2 świeżego ogórka, 2 dojrzałe banany, 1/2 łyżeczki startego korzenia imbiru, łyżeczka oleju lnianego, 200 ml wody

Umyte rzodkiewki z liśćmi zmiksuj z obranymi bananami i ogórkiem, imbirem oraz olejem lnianym. Uzupełnij wodą i ponownie zmiksuj. Zamiast oleju lnianego możesz dodać ćwierć awokado.

Liście rzodkiewki mają więcej wartości odżywczych niż korzenie. Bogate w witaminę C, fosfor, wapń i żelazo, działają na organizm odtruwająco, przeciwzapalnie i przeciwnowotworowo.

KOKTAJLE RABARBAROWE

SEZON NA RABARBAR TRWA BARDZO KRÓTKO. WARZYWO JEST KOJARZONE GŁÓWNIE Z CIASTAMI I KOMPOTAMI, ALE NADAJE SIĘ TAKŻE DO MIKSOWANIA NA SUROWO W KOKTAJLACH. ZAWIERA NIEWIELE CUKRU, ALE ZA TO BARDZO DUŻO WITAMIN, ZWŁASZCZA C, Z GRUPY B ORAZ BETA-KAROTENU. JEST BOGATE RÓWNIEŻ W SKŁADNIKI MINERALNE: WAPŃ, POTAS CZY ŻELAZO. WZMACNIA ORGANIZM, DOBRZE WPŁYWA NA URODĘ, A NAWET CHRONI PRZED NOWOTWORAMI.

TRUSKAWKOWY RABARBAR

Składniki na 1-2 porcje:
laska rabarbaru, 1/2 szklanki truskawek, banan, łyżka soku z cytryny, 150 ml wody

Rabarbar obierz, pokrój w kawałki, zmiksuj z truskawkami (nie musisz obierać z szypułek) i pozostałymi składnikami. Jeśli wolisz rzadszą konsystencję, dodaj więcej wody i zmiksuj ponownie.

RABARBAR NA SŁODKO Z DAKTYLAMI

Składniki na 1-2 porcje:
laska rabarbaru, 6 suszonych daktyli, 1/2 łyżeczki cynamonu, 200 ml wody

Rabarbar obierz, pokrój w kawałki, zmiksuj z daktylami, wodą i cynamonem.

RABARBAR Z ZIELENINĄ

Składniki na 1-2 porcje:
garść świeżego szpinaku, laska rabarbaru, szklanka truskawek, jabłko, 150 ml wody

Truskawki obierz z szypułek, zmiksuj ze świeżym szpinakiem, jabłkiem bez gniazda nasiennego oraz obranym i pokrojonym w kawałki rabarbarem. Uzupełnij wodą i ponownie zmiksuj.

MIGDAŁOWE MLEKO RABARBAROWE

Składniki na 1-2 porcje:
laska rabarbaru, banan, szklanka waniliowego mleka migdałowego, łyżka miodu lub syropu klonowego

Rabarbar obierz i pokrój w kawałki, po czym lekko podgotuj w mleku migdałowym osłodzonym miodem lub syropem klonowym. Następnie zmiksuj z bananem. Jeśli użyjesz zwykłego mleka migdałowego, dodaj 1/2 łyżeczki ekstraktu z wanilii.

MAJOWE KOKTAJLE ZE SZPARAGAMI

SZPARAGI MAJĄ TYLKO 18 KCAL W 100G, SĄ BOGATE W WODĘ (95%) I ZAWIERAJĄ ASPARAGINĘ, KTÓRA WSPOMAGA PRACĘ NEREK. JEST W NICH MNÓSTWO MINERAŁÓW, ZWŁASZCZA WAPŃ, ŻELAZO, FOSFOR I MAGNEZ, A PONADTO KWAS FOLIOWY, WITAMINY C, E ORAZ BETA-KAROTEN. MOŻESZ UŻYĆ ZARÓWNO SUROWYCH, JAK I LEKKO PODGOTOWANYCH SZPARAGÓW. DO MIKSOWANIA NA SUROWO IDEALNIE NADAJĄ SIĘ ZIELONE. NATOMIAST BIAŁE LEPIEJ PODGOTOWAĆ NA PARZE. WÓWCZAS ŁATWIEJ UZYSKASZ KREMOWĄ KONSYSTENCJĘ.

MLECZNY SZEJK TRUSKAWKOWO-SZPARAGOWY

Składniki na 1-2 porcje:

4 zielone szparagi, 8 truskawek, daktyl, łyżeczka miodu, 200 ml mleka ryżowego, szczypta wanilii w proszku

Jeśli używasz suszonego daktyla, to namocz go wcześniej w wodzie. Szparagi umyj, odłam końcówki, zmiksuj z umytymi truskawkami (nie musisz odrywać szypułek) oraz daktylem. Dodaj miód, mleko ryżowe i wanilię, zmiksuj ponownie. Jeśli wolisz bardziej truskawkowy smak, daj więcej owoców.

NAWADNIAJĄCY KOKTAJL WITAMINOWY

Składniki na 1-2 porcje:

2 zielone szparagi, duży ogórek, gruszka, sól, pieprz i gałka muszkatołowa do smaku, 150 ml zielonej herbaty lub wody

Szparagi umyj, odłam końcówki, pokrój na mniejsze kawałki. Ogórka i gruszkę obierz, z owocu usuń gniazdo nasienne. Zmiksuj, przypraw do smaku, dolej wystudzonej zielonej herbaty lub ewentualnie wody i ponownie zmiksuj.

WYTRAWNY KOKTAJL Z BIAŁYCH SZPARAGÓW

Składniki na 1-2 porcje:

4 białe szparagi, 200 ml mleka owsianego, 3 listki świeżego tymianku, sól i pieprz do smaku

Szparagi umyj, odłam końcówki oraz cienko obierz. Ugotuj na parze do miękkości. Zmiksuj z mlekiem owsianym i listkami tymianku, dopraw do smaku.

SZPARAGI MIĘTOWO-BANANOWE

Składniki na 1-2 porcje:

3 zielone szparagi, banan, 2 listki świeżej mięty, 150 ml wody, prażony sezam do posypania

Szparagi umyj, odłam końcówki, pokrój na mniejsze kawałki. Zmiksuj z bananem i umytymi listkami mięty. Uzupełnij wodą oraz ponownie zmiksuj. Przed podaniem możesz posypać prażonym sezamem.

KOKTAJLE Z BOĆWINY I BOTWINY

BOĆWINA, BOTWINA I BOTWINKA CHOĆ BRZMIĄ PODOBNIE, ZNACZĄ CO INNEGO. BOĆWINA BURAK LIŚCIASTY. OD BURAKA ĆWIKŁOWEGO ODRÓŻNIAJĄ GO DUŻE LIŚCIE, KTÓRE SĄ GRUBE, SOCZYSTE I INTENSYWNE W SMAKU. BOTWINA TO MŁODE LIŚCIE I KORZENIE BURAKA ĆWIKŁOWEGO. A BOTWINKA – ZUPA PRZYGOTOWANA Z BOTWINY.

KREMOWY PUDDING Z LIŚĆMI BURAKA

Składniki na 1-2 porcje:

pęczek świeżych liści boćwiny, 1/2 dojrzałego awokado, 2 szklanki truskawek, łyżka naturalnego kakao (ziaren kakaowca) lub karobu

Przekrój awokado na pół wzdłuż pestki, oddziel, wydrąż miąższ łyżką. Boćwinę oraz truskawki (nie trzeba usuwać szypułek) umyj i zmiksuj z kakao lub karobem do uzyskania jednolitej konsystencji. Koktajl jest gęsty i kremowy, idealny do jedzenia łyżką. Jeśli wolisz bardziej płynny, rozcieńcz go małą ilością wody i ponownie zmiksuj.

WZMACNIAJĄCY KOKTAJL WITAMINOWY

Składniki na 1-2 porcje:

garść świeżych liści boćwiny, dojrzałe mango, gruby plaster melona, 200 ml wody, czarnuszka do posypania (opcjonalnie)

Mango przekrój wzdłuż przed pestką, natnij miąższ w szachownicę i odkrój. Zmiksuj z melonem i boćwiną, uzupełniając wodą. Jeśli lubisz czarnuszkę, posyp nią koktajl – idealnie złamie wyrafinowaną słodycz mango i banana oraz intensywny, soczysty smak boćwiny.

CYTRUSOWA BOTWINA

Składniki na 1-2 porcje:

pęczek botwiny, sok z czerwonego grejpfruta, banan

Umyj botwinkę, zmiksuj z sokiem z grejpfruta i bananem. Koktajl będzie słodki, gdy użyjesz mocno dojrzałego banana.

ENERGETYCZNY PODWIECZOREK

Składniki na 1-2 porcje:

garść świeżych liści boćwiny lub liście i łodygi botwiny, banan, sok wyciśnięty z 1/2 cytryny, 200 ml wody, kilka liści świeżej mięty, kostki lodu (opcjonalnie)

Sok z cytryny zmiksuj z bananem oraz umytą boćwiną lub liśćmi i łodygami botwiny. Uzupełnij wodą. Koktajl działa energetyzująco, ale także orzeźwia, jeśli dodasz świeże liście mięty i kostki lodu.

KOKTAJLE Z TRUSKAWKAMI I POZIOMKAMI

TRUSKAWKA ZAWIERA ZNACZNIE WIĘCEJ NATURALNEJ WITAMINY C NIŻ NA PRZYKŁAD CYTRYNA CZY INNY OWOC CYTRUSOWY. JUŻ 20 DAG TRUSKAWEK ZASPOKAJA DZIENNE ZAPOTRZEBOWANIE NA TĘ WITAMINĘ.

TRUSKAWKI Z ZIELENINĄ

Składniki na 1-2 porcje:

dojrzałe mango, 6 truskawek, banan, 2-3 listki rukoli, 250 ml wody, 1/2 łyżeczki pyłku pszczelego (opcjonalnie)

Mango przekrój wzdłuż przed pestką, natnij miąższ w szachownicę i odkrój. Truskawki umyj, obierz z szypułek, zmiksuj z kawałkami mango, bananem, umytą rukolą oraz pyłkiem pszczelim. Uzupełnij wodą, zmiksuj ponownie do uzyskania jednolitej konsystencji. Jeśli lubisz rukolę, możesz dać więcej listków, ale pamiętaj, że jej smak będzie wtedy dominujący.

OWSIANY KOKTAJL TRUSKAWKOWY

Składniki na 1-2 porcje:

szklanka truskawek, banan, szklanka mleka owsianego, 2 łyżki suszonych jagód goji, łyżka miodu (opcjonalnie)

Zmiksuj umyte truskawki (możesz zostawić szypułki) z bananem i mlekiem owsianym, wrzuć jagody goji. Jeśli lubisz słodszy koktajl, przed wrzuceniem jagód dodaj miód i ponownie zmiksuj do uzyskania pysznej pianki.

TRUSKAWKOWO-POZIOMKOWY RELAKS

Składniki na 1-2 porcje:

2 szklanki truskawek, 1/2 szklanki poziomek , garść świeżych liści melisy, 1/2 szklanki wody, kostki lodu

Zmiksuj obrane i umyte truskawki oraz poziomki z liśćmi melisy (zostaw kilka do dekoracji), uzupełnij wodą, ponownie zmiksuj. Podawaj koktajl z kostkami lodu, ozdobiony listkami melisy, która podkreśla jego orzeźwiający charakter.

MIĘTOWE TRUSKAWKI Z JABŁKIEM

Składniki na 1 porcję:

szklanka truskawek, 200 ml soku jabłkowego, kilka świeżych liści mięty, kostki lodu

Zmiksuj obrane i umyte truskawki ze świeżym sokiem jabłkowym, najlepiej bezpośrednio tłoczonym, oraz liśćmi mięty. Uzupełnij kostkami lodu. To wyjątkowo aromatyczny koktajl, idealny na upały.

KOKTAJLE Z EGZOTYCZNYMI OWOCAMI

EGZOTYCZNE OWOCE, CORAZ BARDZIEJ POPULARNE W POLSCE, DOSTĘPNE SĄ W MARKETACH, DYSKONTACH I WARZYWNIAKACH. OCZYWIŚCIE, NIE WSZYSTKIE, ALE NA PEWNO BEZ PROBLEMU ZNAJDZIEMY W SEZONIE NA PÓŁKACH SKLEPOWYCH ŚWIEŻE FIGI, AWOKADO, GRANATY, KAKI, MELONY, OPUNCJE FIGOWE, PAPAJE, PITAJE, LICHI, POMELO, MANGO CZY ANANASY.

EGZOTYCZNY SZEJK

Składniki na 1-2 porcje:

pitaja, 1/2 awokado, 1/2 dojrzałego mango, duży kawałek arbuza

Awokado przekrój na pół wzdłuż pestki i wybierz miąższ łyżką. Mango przekrój wzdłuż przed pestką, natnij miąższ w szachownicę i odkrój. Pitaję obierz ze skóry, zostaw część z ćwiartki do ozdoby. Zmiksuj wszystkie składniki z arbuzem bez pestek.

Liczi to inaczej chińska śliwka. Przez wielu smakoszy uważane jest za najsmaczniejszy owoc świata.

MOC WITAMINY C

Składniki na 1-2 porcje:

10 liczi, garść roszponki, kawałek melona, 2 kiwi, 100 ml soku z pomarańczy

Umyj sałatę, owoce obierz ze skóry i usuń pestki z liczi. Zmiksuj wszystkie składniki.

FIGOWO-MALINOWA SŁODYCZ

Składniki na 1-2 porcje:

2 świeże figi, 1/2 szklanki malin, banan, garść liści pietruszki, 150 ml mleka migdałowego

Umyte owoce i liście pietruszki zmiksuj z mlekiem migdałowym do uzyskania jednolitej konsystencji.

Nasiona papai mają właściwości zdrowotne (m.in. działają przeciwpasożytniczo), ale nie są zbyt smaczne. Jeśli chcesz wzmocnić wartość koktajlu, dodaj 2-3 nasionka do miksowania – będą niewyczuwalne w smaku. Papaja bywa nazywana owocem aniołów.

KOKTAJL Z OWOCEM ANIOŁÓW

Składniki na 1-2 porcje:

papaja, banan, garść liści szpinaku, 200 ml mleka kokosowego

Dojrzałą papaję przekrój na pół, usuń nasiona, wydrąż miąższ i zmiksuj go z pozostałymi składnikami na gładki koktajl.

KOKTAJLE Z WIŚNIAMI I CZEREŚNIAMI

WIŚNIE MAJĄ PYSZNY I ORYGINALNY KWASKOWATOSŁODKI SMAK, ALE TYLKO TE, KTÓRE ROSNĄ W POLSCE. W DZIEŃ NABIERAJĄ SŁODYCZY OD SŁOŃCA, A NOCĄ KWASKOWATOŚCI Z POWODU RÓŻNICY TEMPERATUR.

ODMŁADZAJĄCY ELIKSIR

Składniki na 1-2 porcje:

szklanka czereśni, szklanka truskawek, 1/2 awokado, szklanka wody kokosowej, łyżeczka sproszkowanych jagód acai (opcjonalnie)

Dojrzałe awokado przekrój na pół wzdłuż pestki, wydrąż miąższ łyżką, czereśnie umyj i wydryluj, z umytych truskawek usuń szypułki. Zmiksuj wszystkie składniki, aż uzyskasz kremowy koktajl. Jeśli masz dobry wysokoobrotowy blender, szypułki truskawek możesz zostawić.

KOKTAJL NIE TYLKO NA BEZSENNOŚĆ

Składniki na 1-2 porcje:

szklanka wiśni, szklanka mleka migdałowego, łyżeczka miodu, 1/2 łyżeczki pyłku pszczelego (opcjonalnie)

Po umyciu i wydrylowaniu zmiksuj wiśnie z resztą składników na gładki koktajl. Wieczorem pij napój o temperaturze pokojowej, w ciągu dnia możesz dodać 4 kostki lodu przed końcem miksowania i podawać schłodzony.

POMIDORÓWKA Z CZEREŚNIAMI

Składniki na 1-2 porcje:

szklanka czereśni, 4 pomidory, np. malinowe, łyżka oliwy extra virgin, szczypta soli, najlepiej różowej himalajskiej, szczypta pieprzu, kilka listków mięty (opcjonalnie)

Wydryluj umyte czereśnie, zmiksuj z pomidorami (szypułki usuń, skórki możesz zostawić). Dodaj przyprawy i oliwę, zmiksuj ponownie. Koktajl podawaj schłodzony. Pięknie wygląda i smakuje z listkami mięty.

PRZECIWNOWOTWOROWY KOKTAJL WIŚNIOWY

W zimie można użyć mrożonych wiśni bez pestek – koktajle będą tak samo smaczne.

Składniki na 1-2 porcje:

szklanka wiśni, 2 łyżki jagód goji, łyżeczka kurkumy, 2 łyżki ugotowanej kaszy jaglanej, szklanka mleka ryżowego

Wiśnie umyj, usuń z nich pestki. Zmiksuj owoce z pozostałymi składnikami do uzyskania jednolitej konsystencji. Koktajl doskonale smakuje zarówno z ciepłą kaszą jaglaną, jak i na zimno, z mlekiem z lodówki i kaszą z poprzedniego dnia.

Każdy składnik tego koktajlu działa odmładzająco. Zawiera antyoksydanty usuwające z organizmu wolne rodniki, spowalnia procesy starzenia, ma właściwości nawadniające i rewitalizujące. To prawdziwa bomba młodości.

Jeżeli stosujesz dietę przeciwnowotworową albo jesteś przed chemioterapią, pij ten koktajl jak najczęściej. Możesz też podwoić porcję kurkumy.

KOKTAJLE Z PORZECZKĄ, AGRESTEM I ARONIĄ

OWOCE LETNIE, JAK CZARNA I CZERWONA PORZECZKA, AGREST CZY ARONIA, ZAWIERAJĄ BOGACTWO WITAMINY C ORAZ HAMUJĄCYCH STARZENIE FLAWONOIDÓW. MOŻESZ UŻYWAĆ TYCH OWOCÓW DO KOKTAJLI TAKŻE W ZIMIE – SIĘGAJ WÓWCZAS PO MROŻONKI.

KOKTAJL WZMACNIAJĄCY WŁOSY

Składniki na 1-2 porcje:

1/2 szklanki czarnych porzeczek, łyżeczka miodu, 1/2 szklanki mleka migdałowego, 1/2 łyżeczki cynamonu

Zmiksuj wszystkie składniki do uzyskania jednolitej konsystencji. Nawet jeśli nie przepadasz za czarną porzeczką, jest szansa, że w koktajlu będzie ci smakować. Spróbuj!

LETNI WITAMINOWY MISZMASZ

Składniki na 1-2 porcje:

1/2 szklanki jagód, 1/2 szklanki aronii, szklanka truskawek, 1/4 żółtego melona, 2 garści szpinaku, 100 ml wody (opcjonalnie)

Umyj owoce i szpinak. Do tego koktajlu możesz użyć nawet przerośniętego szpinaku z ogródka. Zmiksuj wszystkie składniki do uzyskania jednolitej konsystencji. Jeśli koktajl wydaje ci się zbyt gęsty, uzupełnij go wodą.

ZIELONE ORZEŹWIENIE

Składniki na 1-2 porcje:

1/2 szklanki agrestu, ogórek gruntowy ze skórką, garść szpinaku, 2-3 listki świeżego lub 1/4 łyżeczki suszonego estragonu, 100 ml wody

Umyj owoce i warzywa. Zmiksuj wszystkie składniki. Opcjonalnie w czasie upałów dodaj przed miksowaniem kostki lodu zamiast wody.

MLEKO PORZECZKOWE

Składniki na 1-2 porcje:

szklanka czerwonych porzeczek, szklanka mleka kokosowego

Zmiksuj wszystkie składniki na gładki koktajl. Kwaskowate porzeczki idealnie przełamują smak tłustego mleka kokosowego. Kwintesencja lata – prostota, szybkość i supersmak!

KOKTAJLE Z JAGODAMI, BORÓWKAMI, MORWĄ I JEŻYNAMI

JAGODY, BORÓWKI, MORWA I JEŻYNY TO NISKOKALORYCZNE, SMACZNE OWOCE, PEŁNE BŁONNIKA I WITAMIN. ZAWIERAJĄ NATURALNE BARWNIKI FIOLETOWONIEBIESKIE, CZYLI ANTOCYJANIDYNY, OBNIŻAJĄCE RYZYKO ZACHOROWANIA NA NOWOTWORY. ŚWIEŻE OWOCE JAGODOWE REGULUJĄ PRACĘ UKŁADU TRAWIENNEGO W DWOJAKI SPOSÓB: Z JEDNEJ STRONY ZAPOBIEGAJĄ BIEGUNKOM, Z DRUGIEJ – DZIAŁAJĄ ROZLUŹNIAJĄCO PRZY ZAPARCIACH.

Ten koktajl będzie równie pyszny i zdrowy, gdy morwę zastąpisz jagodami lub jeżynami. Polecamy go z morwą ze względu na jej wartości odżywcze i smak idealnie współgrający z pozostałymi składnikami.

Morwa to trochę zapomniany owoc, a szkoda, bo zarówno czarna, jak i biała zawierają bogactwo witamin i minerałów. Dojrzałe owoce rozpływają się w ustach. Trudno dostępne na bazarach, często są spotykane w parkach czy alejkach na ozdobnych drzewach.

JEŻYNOWA OWSIANKA

Składniki na 1-2 porcje:

szklanka jeżyn, szklanka mleka owsianego, 2 łyżeczki siemienia lnianego, łyżeczka miodu (opcjonalnie)

Umyj jeżyny i zmiksuj z mlekiem oraz siemieniem do uzyskania jednolitej konsystencji. W razie potrzeby dosłódź miodem. Ten pyszny koktajl może być także podstawą do musli – wlej go wtedy do miseczki i uzupełnij orzechami oraz suszonymi owocami.

KOKTAJL ROZPŁYWAJĄCY SIĘ W USTACH

Składniki na 1-2 porcje:

szklanka białej lub czarnej morwy, banan, 3 liście świeżej mięty, 1/2 łyżeczki sproszkowanej wanilii, łyżeczka cynamonu, szklanka mleka sojowego lub migdałowego

Umyj owoce i miętę, zmiksuj z przyprawami i mlekiem. Jeśli użyjesz mleka waniliowego, nie dodawaj już wanilii w proszku.

SZEJK NA ROZRUCH

Składniki na 1-2 porcje:

1/2 szklanki jagód, mały burak, gruszka, 200 ml wody, pestki dyni (opcjonalnie)

Obierz buraka oraz gruszkę. Jeśli masz słaby mikser lub blender, musisz pokroić je na mniejsze kawałki. Zmiksuj z jagodami do uzyskania jednolitej konsystencji, uzupełnij wodą i ponownie zmiksuj. Wybornie smakuje posypany prażonymi pestkami dyni.

LANDRYNKOWA ORANŻADA

Składniki na 1-2 porcje:

garść borówek, jabłko, banan, kiść ciemnych winogron, 1/2 łyżeczki startego korzenia imbiru, 150 ml wody gazowanej

Owoce umyj, jabłko obierz i usuń gniazdo nasienne. Zmiksuj wszystkie składniki na gładki koktajl.

KOKTAJLE Z BRZOSKWINIAMI, NEKTARYNKAMI I MORELAMI

BRZOSKWINIE, NEKTARYNKI I MORELE — OWOCE PÓŹNEGO LATA — UCHODZĄ ZA JEDNE Z NAJZDROWSZYCH. DZIAŁAJĄ PRZECIWNOWOTWOROWO, PRZECIWSTARZENIOWO, MOCZOPĘDNIE, ZAPOBIEGAJĄ ANEMII, CHOROBOM SERCA, REGULUJĄ CIŚNIENIE I WSPOMAGAJĄ TRAWIENIE. SĄ BOGATE W SKŁADNIKI MINERALNE: WAPŃ, ŻELAZO ORAZ MAGNEZ, A TAKŻE WIELE CENNYCH WITAMIN I BETA-KAROTEN. JEŚLI BĘDZIESZ SPOŻYWAĆ JE REGULARNIE, W SEZONIE ŚWIEŻE, A W INNYCH PORACH ROKU SUSZONE, WSPOMOGĄ TAKŻE OCZYSZCZANIE ORGANIZMU I USUNĄ SZKODLIWE PRODUKTY PRZEMIANY MATERII.

IDEALNY PODWIECZOREK

Składniki na 1-2 porcje:

2 brzoskwinie, ogórek gruntowy, garść liści bazylii, 1/2 szklanki wody lub kilka kostek lodu

Umyj składniki, obranego ogórka zmiksuj z bazylią oraz brzoskwiniami bez pestek do jednolitej konsystencji. Dodaj wodę lub kostki lodu i ponownie zmiksuj. Wypij od razu – to doskonałe orzeźwienie na letnie popołudnie.

KOKTAJL NA DOBRE TRAWIENIE

Składniki na 1-2 porcje:

2 nektarynki, jabłko, mała młoda kalarepa razem z liśćmi, 200 ml wody

Umyj kalarepę i owoce, usuń gniazda nasienne z jabłek i pestki z nektarynek. Zmiksuj wszystkie składniki.

ANTYNOWOTWOROWY KOKTAJL MORELOWY

Składniki na 1-2 porcje:

4 morele wraz z jądrami z pestek, dojrzały banan, kilka liści melisy lub mięty, 150 ml wody kokosowej

Umyj owoce i liście, z moreli wyjmij pestki. Rozłup je, wydobywając jądra. Zmiksuj wszystkie składniki do uzyskania jednolitej konsystencji. Opcjonalnie wodę kokosową możesz zastąpić zwykłą.

OWOCOWY RAJ

Składniki na 1-2 porcje:

2 brzoskwinie, 1/2 mango, krążek świeżego ananasa, łyżeczka oleju kokosowego, 200 ml mleka ryżowego

Mango przekrój wzdłuż przed pestką, natnij miąższ w szachownicę i odkrój. Zmiksuj z umytymi brzoskwiniami bez pestek, ananasem obranym ze skóry i pozostałymi składnikami. Koktajl ten bardzo smakuje dzieciom.

KALAREPA bije na głowę inne warzywa pod względem ilości żelaza, dlatego jest polecana przede wszystkim przy anemii i osłabieniu. Uważaj jednak na tę wiosenną, gdyż zawiera bardzo dużą ilość azotu.

Jądra pestek moreli

zawierają, oprócz witaminy B_6, B_1, B_{17}, minerałów oraz niezbędnych nienasyconych kwasów tłuszczowych, także amigdalinę, zwaną popularnie witaminą B_{17}. To ona odpowiada za gorzki smak pestki moreli i ma właściwości przeciwnowotworowe. Jądra pestek można spożywać w bardzo niewielkich ilościach (1-5 dziennie).

KOKTAJLE ZE ŚLIWKĄ

ŚLIWKI NIE TYLKO REGULUJĄ TRAWIENIE I WZMAGAJĄ APETYT, ALE ZAWIERAJĄ TEŻ CENNE PRZECIWUTLENIACZE I SĄ DOBRYM ŹRÓDŁEM WITAMIN ORAZ MINERAŁÓW, NA PRZYKŁAD POTASU, MAGNEZU, ŻELAZA, WAPNIA, FOSFORU. TE PYSZNE OWOCE POPRAWIAJĄ TAKŻE HUMOR, WIĘC NIE MOŻE ICH ZABRAKNĄĆ W KOKTAJLACH.

ŚLIWKOWY KOKTAJL NA TRAWIENIE

Składniki na 1-2 porcje:

garść śliwek mirabelek, 2 plastry świeżego ananasa, grubości ok. 2 cm, garść świeżych liści pietruszki, łyżeczka siemienia lnianego, szklanka wody

Umyj liście pietruszki, wypestkuj śliwki, plastry ananasa obierz ze skóry, wykrój twardy środek. Zmiksuj wszystkie składniki na gładki koktajl.

SZEJK REGULUJĄCY CIŚNIENIE

Składniki na 1-2 porcje:

4 śliwki, garść roszponki, banan, brzoskwinia, 1/2 limonki, łyżeczka pyłku pszczelego, szklanka wody

Umyj sałatę i owoce, wypestkuj brzoskwinię i śliwki oraz wyciśnij sok z limonki. Wszystkie składniki zmiksuj na gładko.

MUS ŚLIWKOWO-ORZECHOWY

Składniki na 1-2 porcje:

4 śliwki renklody, 1/2 awokado, dojrzały banan, 8 orzechów laskowych, 2 łyżki naturalnego kakao (ziaren kakaowca) lub karobu, 1/2-1 szklanki wody lub mleka roślinnego

Namocz orzechy laskowe co najmniej na godzinę, zlej wodę. Umyj i obierz owoce, wypestkuj śliwki, awokado przekrój na pół wzdłuż pestki i wybierz miąższ łyżką. Zmiksuj wszystkie składniki na jednolity mus. Jeśli wolisz koktajl w postaci płynnej, dodaj wodę lub mleko roślinne.

LEKKI POCZĄTEK DNIA

Składniki na 1-2 porcje:

4 śliwki węgierki, banan, 1/2 pomelo, szklanka wody, łyżka miodu

Umyj i obierz owoce, wypestkuj śliwki i zmiksuj z pozostałymi składnikami do uzyskania jednolitej konsystencji.

Związki zawarte w siemieniu lnianym łatwo się utleniają, a zdrowe tłuszcze jełczeją, najlepiej więc kupować siemię w całych ziarenkach i mielić tuż przed spożyciem.

KOKTAJLE Z PIGWĄ

OWOCE PIGWY SĄ TWARDE I BARDZO KWAŚNE, TRUDNO JE SPOŻYWAĆ NA SUROWO. NATOMIAST W KOKTAJLU SPRAWDZAJĄ SIĘ ZNAKOMICIE. MIKSUJEMY JE Z INNYMI, SŁODSZYMI OWOCAMI. PIGWA POPRAWIA ODPORNOŚĆ ORGANIZMU, OCZYSZCZA I WZMAGA APETYT. MA DZIAŁANIE PRZECIWZAPALNE, WSPOMAGA ODCHUDZANIE, REGENERUJE PRACĘ WĄTROBY I POZIOM CHOLESTEROLU, OBNIŻA ILOŚĆ CUKRU WE KRWI, POMAGA W LECZENIU PRZEZIĘBIEŃ I GRYPY, ZAPOBIEGA WYMIOTOM, BIEGUNCE ORAZ WZDĘCIOM.

Pektyny zawarte w owocach pigwy wiążą metale ciężkie i pomagają usuwać je z organizmu.

PIGWA NA KOKOSOWO

Składniki na 1-2 porcje:

1/2 owocu pigwy, dojrzałe mango, banan, szklanka mleka kokosowego

Mango przekrój wzdłuż przed pestką, natnij miąższ w szachownicę i odkrój. Pigwę obierz, usuń gniazdo nasienne. Zmiksuj wszystkie składniki.

KOKTAJL WSPOMAGAJĄCY UKŁAD TRAWIENNY

Składniki na 1-2 porcje:

1/2 owocu pigwy, garść szpinaku, 2 plastry świeżego ananasa grubości ok. 2 cm, jabłko, 1/2 łyżeczki cynamonu, łyżka miodu (opcjonalnie)

Umyj szpinak. Obierz pigwę i jabłko, usuń gniazda nasienne. Plastry ananasa obierz, odkrój twardy środek. Zmiksuj wszystkie składniki na gładki koktajl.

OCZYSZCZAJĄCY KOKTAJL Z PIGWĄ

Składniki na 1-2 porcje:

pigwa, 2 liście kapusty włoskiej, banan, gruszka, łyżeczka soku z cytryny, szklanka wody

Umyj liście kapusty. Obierz owoce, z gruszki i pigwy usuń gniazda nasienne. Zmiksuj z pozostałymi składnikami do uzyskania jednolitej konsystencji.

WYBUCHOWA PIGWA

Składniki na 1-2 porcje:

1/2 owocu pigwy, 1/2 szklanki pestek granatu, dojrzały banan, 1/2 cytryny, szklanka mleka ryżowego

Pigwę obierz, usuń gniazdo nasienne. Wyciśnij sok z cytryny i zmiksuj wszystkie składniki.

KOKTAJLE Z DYNIĄ

DO KOKTAJLI MOŻEMY UŻYWAĆ DYNI PIECZONEJ, GOTOWANEJ I SUROWEJ. WARTO SIĘGNĄĆ PO SUROWĄ, GDYŻ PODOBNIE JAK WIĘKSZOŚĆ WARZYW I OWOCÓW W POSTACI NIEPRZETWORZONEJ ZAWIERA NAJWIĘCEJ SKŁADNIKÓW ODŻYWCZYCH. NAJSMACZNIEJSZA NA SUROWO JEST ODMIANA Z BARDZO POMARAŃCZOWYM MIĄŻSZEM (SKÓRKA W TAKICH DYNIACH NIE MUSI BYĆ TEGO KOLORU). DO PIECZENIA IDEALNIE NADAJE SIĘ NATOMIAST ODMIANA „HOKKAIDO", KTÓREJ NIE TRZEBA OBIERAĆ ZE SKÓRKI, PONIEWAŻ MIĘKNIE PODCZAS OBRÓBKI TERMICZNEJ I JEST JADALNA.

Aby przyrządzić piure z dyni, upiecz miąższ w piekarniku lub ugotuj, a następnie zmiksuj. Po ostudzeniu podziel na porcje i zamroź. Takie piure zajmuje mniej miejsca niż dynia i jest gotowe do użycia po rozmrożeniu.

DYNIOWE CURRY Z MANGO

Składniki na 1-2 porcje:

miąższ surowej dyni (ok. 10 cm x 10 cm), dojrzałe mango, 2 łyżki pestek dyni, łyżka miodu, łyżeczka curry, szklanka wody

Obierz dynię. Mango przekrój wzdłuż przed pestką, natnij miąższ w szachownicę i odkrój. Zmiksuj wszystkie składniki. Ewentualnie możesz zostawić jedną łyżkę pestek dyni do posypania. Do tego koktajlu polecamy dynię piżmową, muscat lub amber (zielona skóra, pomarańczowy miąższ), ale z innymi odmianami też będzie pyszny.

DYNIOWY KOKTAJL NA ODPORNOŚĆ

Składniki na 1-2 porcje:

miąższ surowej dyni (ok. 5 cm x 5 cm), 1/2 awokado, banan, 1/2 łyżeczki startego korzenia imbiru, łyżka miodu, 1/4 łyżeczki gałki, muszkatołowej, 1/4 łyżeczki cynamonu, szczypta chili, szklanka wody lub herbaty z czystka

Awokado przekrój na pół wzdłuż pestki i wybierz miąższ łyżką. Obierz skórkę z kawałka dyni. Zmiksuj wszystkie podane składniki do uzyskania jednolitej konsystencji. Opcjonalnie dodaj więcej miodu. Koktajl ten można miksować i na zimno, i na ciepło. W drugiej wersji wystarczy użyć nieostudzonej herbaty z czystka albo wody.

DYNIOWO-ARBUZOWE ORZEŹWIENIE

Składniki na 1-2 porcje:
miąższ surowej dyni (ok. 10 cm x 10 cm), 1/4 arbuza, garść świeżych liści mięty

Miąższ dyni (bez pestek) zmiksuj z miąższem arbuza (bez pestek) i miętą do uzyskania jednolitej konsystencji. Idealnie smakuje, gdy arbuza i dynię schłodzisz wcześniej w lodówce. Jeżeli wolisz miksować z pestkami, ale masz słabsze urządzenie, to przesącz koktajl przez sito, aby pozbyć się drobinek.

KOKTAJL PIERNIKOWY

Składniki na 1-2 porcje:
1/2 szklanki piure z dyni, 2 banany, szklanka mleka ryżowego, łyżka masła migdałowego, łyżeczka przyprawy piernikowej, 1/2 łyżeczki sproszkowanej wanilii

Zmiksuj wszystkie składniki. Koktajl ten jest smaczny zarówno na zimno, jak i na ciepło. W drugiej wersji wystarczy użyć świeżego piure z dyni, zanim ostygnie po pieczeniu, lub podgrzać przed miksowaniem mleko ryżowe.

W CHŁODNE ZIMOWE WIECZORY SZKLANECZKA ROZGRZEWAJĄCEGO KOKTAJLU JEST NIE DO PRZECENIENIA. ABY NADAĆ KOKTAJLOWI TAKĄ MOC, MOŻESZ UŻYĆ CIEPŁEGO MLEKA LUB WRZUCIĆ NATURALNE AROMATYCZNE PRZYPRAWY: IMBIR, KARDAMON, CYNAMON, GOŹDZIKI, WANILIĘ, GAŁKĘ MUSZKATOŁOWĄ, CHILI, KOLENDRĘ, ANYŻ CZY KURKUMĘ.

PITNA CZEKOLADA

Składniki na 1-2 porcje:

1/4 szklanki migdałów, 5 suszonych daktyli, 1-2 łyżki naturalnego kakao (zmielonych ziaren kakaowca) lub karobu, szklanka ciepłej wody

Namocz migdały i daktyle przynajmniej na godzinę, zlej wodę. Zmiksuj wszystkie składniki do uzyskania koktajlu z pianką. Możesz użyć gotowego mleka migdałowego zamiast szklanki wody i migdałów.

WINOGRONOWY GRZANIEC

Składniki na 1-2 porcje:

2 garści winogron, 4 całe goździki, 2 plasterki świeżego imbiru, 1/2 łyżeczki cynamonu, 2 szczypty kardamonu, szklanka wody

Zagotuj wodę z goździkami i imbirem. Zmiksuj winogrona tylko z gorącą wodą, bez goździków i imbiru, ewentualnie zostaw jeden plaster. Dodaj do smaku cynamon i kardamon. Pij, zanim wystygnie. W tym koktajlu aromatyczne i rozgrzewające właściwości mają zarówno goździki, jak i cynamon, kardamon oraz świeży imbir. Połączenie tych aromatów rozgrzeje największego zmarzlucha.

ZIMOWO-DYNIOWE KLIMATY

Składniki na 1-2 porcje:

1/2 szklanki piure z dyni (zob. s. 135), banan, gruszka, szklanka mleka migdałowego lub z orzechów laskowych, 1/2 łyżeczki cynamonu, 1/4 łyżeczki sproszkowanego imbiru, 1/4 łyżeczki sproszkowanej wanilii, szczypta sproszkowanego kardamonu

Umyj owoce, z gruszki usuń gniazdo nasienne. Zmiksuj wszystkie składniki na gładki koktajl. Gdy używasz mleka wzbogaconego w wanilię, nie dodawaj jej w proszku.

MUSZKATOŁOWA KASZKA JAGLANA

Składniki na 1-2 porcje:

1/2 szklanki ugotowanej kaszy jaglanej, dojrzały banan, szklanka mleka ryżowego, łyżka miodu, 1/2 łyżeczki cynamonu, szczypta gałki muszkatołowej

Zmiksuj wszystkie składniki. Mimo że koktajl rozgrzewa nawet na zimno, możesz pić także ciepły, jeśli zmiksujesz świeżo ugotowaną kaszę jaglaną.

JAGLANKA ANYŻOWA

Składniki na 1-2 porcje:

1/2 bulwy fenkułu (kopru włoskiego), 1/2 szklanki ugotowanej kaszy jaglanej, 4 suszone figi, 1/2 łyżeczki kurkumy, szklanka mleka roślinnego

Namocz suszone figi co najmniej na pół godziny, odcedź wodę. Koper włoski umyj. Zmiksuj wszystkie składniki. Używając świeżo ugotowanej, gorącej kaszy jaglanej, uzyskasz koktajl na ciepło.

KAKAO NA CIEPŁO

Składniki na 1-2 porcje:

3 łyżki naturalnego kakao (zmielonych ziaren kakaowca) lub karobu, szklanka mleka owsianego, 2 łyżeczki słodu, np. cukru kokosowego, miodu lub syropu klonowego

Zmiksuj wszystkie składniki do uzyskania gładkiego koktajlu z pianką, podgrzej delikatnie.

AROMATYCZNY NAPÓJ ROZGRZEWAJĄCY

Składniki na 1-2 porcje:

1/2 pomarańczy, 1/2 cytryny, 1/4 łyżeczki startego korzenia imbiru, 1/2 łyżeczki kurkumy, 1/4 łyżeczki cynamonu, łyżka miodu, szklanka gorącej wody

Wyciśnij sok z cytrusów i wymieszaj z pozostałymi składnikami do uzyskania jednolitego napoju.

GRZANIEC ŚLIWKOWY

Składniki na 1-2 porcje:

8 świeżych śliwek, 3 śliwki suszone, dojrzały banan (opcjonalnie), łyżeczka przyprawy do pierników (lub 1/2 łyżeczki cynamonu, po szczypcie: kardamonu, mielonych goździków, mielonego imbiru, mielonej gałki muszkatołowej), szklanka ciepłej wody

Namocz suszone śliwki co najmniej na pół godziny, odcedź wodę. Wypestkuj umyte świeże śliwki. Zmiksuj wszystkie składniki. Jeśli masz słabszy blender, zmiksuj najpierw świeże śliwki z suszonymi do konsystencji musu, a dopiero potem dodaj wodę oraz przyprawy i ponownie zmiksuj.

Banan zagęści koktajl i doda energetyczności, ale nie jest konieczny.

KOKTAJLE ODMŁADZAJĄCE

ODMŁADZAJĄCE DZIAŁANIE KOKTAJLI POWODUJE, ŻE JESTEŚMY PEŁNI WITALNOŚCI, PROMIENIEJEMY ZDROWIEM, MAMY NAWILŻONĄ I DOTLENIONĄ SKÓRĘ ORAZ PIĘKNE WŁOSY I PAZNOKCIE. DIETA BOGATA W ŚWIEŻO WYCISKANE SOKI A TAKŻE KOKTAJLE Z WITAMINAMI Z NIEPRZETWORZONYCH WARZYW ORAZ OWOCÓW, POPRAWIA CERĘ, NADAJĄC JEJ ŚWIEŻY WYGLĄD. TO ZASŁUGA ANTYOKSYDANTÓW, CZYLI PRZECIWUTLENIACZY ZWALCZAJĄCYCH WOLNE RODNIKI I SPOWALNIAJĄCYCH PROCESY STARZENIA. SĄ ONE RÓWNIEŻ GŁÓWNĄ BRONIĄ W PROFILAKTYCE CHORÓB NOWOTWOROWYCH.

KOKTAJLE Z WINOGRONAMI

WINOGRONA DZIAŁAJĄ PRZECIWZMARSZCZKOWO I OCZYSZCZAJĄCO. ZAWIERAJĄ BARDZO DUŻO WITAMIN ORAZ SKŁADNIKÓW MINERALNYCH, KTÓRE POŚREDNIO WPŁYWAJĄ NA ODNOWĘ KOMÓREK SKÓRY, ZMNIEJSZENIE PRZEBARWIEŃ, GOJENIE RAN, ŁAGODZENIE PODRAŻNIEŃ I OCHRONĘ PRZED CZYNNIKAMI ZEWNĘTRZNYMI. ZARÓWNO W SKÓRCE, JAK I W PESTKACH WINOGRON ZNAJDUJĄ SIĘ POLIFENOLE, W TYM FLAWONOIDY, KTÓRE MAJĄ WŁAŚCIWOŚCI ANTYOKSYDACYJNE. SĄ SKUTECZNIEJSZE OD WITAMINY E.

POGROMCA ZMARSZCZEK

Składniki na 1-2 porcje:
szklanka winogron, garść świeżych liści jarmużu, banan, szklanka wody (najlepiej kokosowej)

Umyj owoce i jarmuż. Zmiksuj wszystkie składniki do konsystencji koktajlu.

Taniny zawarte w pestkach winogron działają ściągająco, przeciwzapalnie i rozkurczowo oraz przeciwkrwotocznie, a także uelastyczniają i uszczelniają ściany naczynek krwionośnych, co daje efekt przeciwobrzękowy i przeciwwysiękowy. Taniny pobudzają też krążenie oraz oczyszczają naczynia krwionośne.

NA RATUNEK PIĘKNA

Składniki na 1-2 porcje:

1/2 surowego buraka, duża persymona (kaki), szklanka winogron, szklanka wody

Umyj i obierz buraka, persymonę oraz opłucz winogrona. Zmiksuj wszystkie składniki.

ORANŻADA NA PIĘKNĄ CERĘ

Składniki na 1-2 porcje:

2 garści ciemnych winogron, łyżeczka świeżo startego korzenia imbiru, 2 duże plastry ananasa grubości ok. 2 cm, 1/2 szklanki wody

Plastry ananasa obierz ze skóry, wykrój twardy środek, umyj winogrona i zmiksuj wszystkie składniki na gładki koktajl. Napój smakuje jak oranżada.

WITAMINOWY KREATOR URODY

Składniki na 1-2 porcje:

szklanka winogron, marchew, gruszka, 1/2 łyżeczki startego korzenia imbiru, 1/2 szklanki wody

Obierz marchewkę i gruszkę ze skóry, usuń gniazdo nasienne. Umyj winogrona i zetrzyj imbir. Zmiksuj wszystkie składniki, w razie potrzeby dodaj niewielką ilość wody.

KOKTAJLE REGENERUJĄCE

SUPERŻYWNOŚĆ TO GRUPA PRODUKTÓW WYKAZUJĄCYCH SILNE WŁAŚCIWOŚCI ODŻYWCZE. WIELE Z NICH, A ZWŁASZCZA SUSZONE JAGODY GOJI, SPROSZKOWANE JAGODY ACAI, MŁODY JĘCZMIEŃ I PSZENICA OBFITUJĄ W ODMŁADZAJĄCE ANTYOKSYDANTY I OPÓŹNIAJĄ PROCESY STARZENIA. PODOBNIE DZIAŁAJĄ ZIARNA KAKAOWCA, NASIONA CHIA, KORZEŃ MACA. WARTO WŁĄCZYĆ SUPERŻYWNOŚĆ DO CODZIENNEGO MENU, TAKŻE W POSTACI PYSZNYCH KOKTAJLI.

WITAMINOWA REGENERACJA DLA SKÓRY, WŁOSÓW I PAZNOKCI

Składniki na 1-2 porcje:

2 łyżeczki sproszkowanych jagód acai, kawałek melona, szklanka mleka migdałowego, łyżeczka siemienia lnianego lub nasion chia (opcjonalnie)

Zmiksuj wszystkie składniki. Koktajl dobrze smakuje także z innymi rodzajami napojów roślinnych, np. mlekiem ryżowym, owsianym, jaglanym, kokosowym, sojowym. Mleko migdałowe ma działanie odmładzające. Zarówno siemię lniane, jak i nasiona chia są bogatszym źródłem kwasów omega 3 niż ryby czy inne ziarna i nasiona.

REGENERUJĄCY KOKTAJL PRZECIWSTARZENIOWY

Składniki na 1-2 porcje:

mango, 1/2 awokado, 2 pomarańcze, łyżeczka, sproszkowanej trawy jęczmiennej (lub pszenicznej), 1/2 szklanki wody (opcjonalnie)

Mango przekrój wzdłuż przed pestką, natnij miąższ w szachownicę i odkrój. Awokado przekrój na pół wzdłuż pestki i wybierz miąższ łyżką. Obierz pomarańcze ze skóry, zmiksuj je z miąższem z awokado i mango, dodając sproszkowaną trawę. Dla uzyskania ulubionej konsystencji możesz dolać wodę.

ODMŁADZAJĄCY AFRODYZJAK

Składniki na 1-2 porcje:

łyżeczka sproszkowanego korzenia maca, 1/2 szklanki truskawek, szklanka soku marchwiowego

Wyciśnij sok ze świeżej marchwi lub użyj jednodniowego ze sklepu. Zmiksuj wszystkie składniki. Poza sezonem możesz wykorzystać mrożone truskawki.

SZEJK ODMŁADZAJĄCY

Składniki na 1-2 porcje:

garść suszonych jagód goji, dojrzały ban szklanka wody (najlepiej kokosowej)

Zmiksuj wszystkie składniki do uzyskania koktajlu o jednolitej konsystencji.

Zamiast świeżych pomarańczy możesz użyć soku, nie trzeba wtedy uzupełniać koktajlu wodą. Całe pomarańcze są lepsze ze względu na zawartość błonnika i pektyn. Młody jęczmień (zielony jęczmień, trawa jęczmienna) oraz młoda pszenica (zielona pszenica, trawa pszeniczna) mają wszechstronne właściwości prozdrowotne (zob. s. 16).

KOKTAJLE Z ZIARNAMI KAKAOWCA

ZIARNA KAKAOWCA NAZYWANE SĄ POKARMEM BOGÓW. TO JEDNO Z NAJBOGATSZYCH ŹRÓDEŁ WIELU SKŁADNIKÓW ODŻYWCZYCH. KONCENTRUJE SIĘ W NICH MAKSYMALNA ILOŚĆ ANTYOKSYDANTÓW, CHRONIĄCYCH NAS PRZED WOLNYMI RODNIKAMI, KTÓRE SĄ PRZYCZYNĄ STARZENIA SIĘ ORGANIZMU. „PRAWDZIWE" KAKAO JEST GORZKIE ZE WZGLĘDU NA FLAWONOIDY. POWINNO SKŁADAĆ SIĘ W STU PROCENTACH Z ZIAREN KAKAOWCA – ZMIELONYCH LUB ŁUSKANYCH.

ZIELEŃ PEŁNA ANTYOKSYDANTÓW

Składniki na 1-2 porcje:

garść szpinaku, szklanka malin, banan, łyżka zmielonych lub łuskanych ziaren kakaowca, 1/2 szklanki wody

Zmiksuj wszystkie składniki do uzyskania jednolitej konsystencji. Szpinak i maliny mogą być mrożone. Dojrzały banan dodaje słodyczy.

KOKTAJLOWA ODNOWA

Składniki na 1-2 porcje:

1/2 awokado, duża garść orzechów nerkowca, szklanka wody, łyżka kakao (zmielonych ziaren kakaowca), 1/3 łyżeczki cynamonu, 1/4 łyżeczki sproszkowanej wanilii

Namocz orzechy. Awokado przekrój na pół wzdłuż pestki i wybierz miąższ łyżką. Odsączone orzechy zmiksuj z pozostałymi składnikami. Jeśli masz gotowe mleko z nerkowców lub innych orzechów, użyj go zamiast szklanki wody i orzechów.

DESEROWY KOKTAJL SUPERMOCY

Składniki na 1-2 porcje:

banan, 2 łyżeczki naturalnego kakao (zmielonych ziaren kakaowca), szczypta sproszkowanej wanilii, szklanka mleka migdałowego, 2 daktyle, łyżeczka nasion chia (opcjonalnie)

Suszone daktyle wymocz kilkanaście minut w wodzie lub użyj świeżych. Dojrzałego banana zmiksuj z pozostałymi składnikami do uzyskania koktajlu z pianką. Jeśli dołożysz nasiona chia, po kilku i kilkunastu minutach ponownie wszystko wymieszaj, gdyż spęcznieją i zagęszczą napój.

KOKTAJL PIĘKNOŚCI

Składniki na 1-2 porcje:

szklanka ugotowanej kaszy jaglanej, 2 łyżki ziaren kakaowca, szklanka mleka ryżowego lub migdałowego, łyżka miodu, szczypta soli do smaku

Zmiksuj wszystkie składniki. Koktajl ten smakuje zarówno na ciepło, jak i na zimno. Ciepły napój uzyskasz, używając świeżo ugotowanej, kaszy jaglanej.

KOKTAJLE Z OWOCAMI

NIEKTÓRE OWOCE SĄ UZNAWANE ZA ELIKSIRY MŁODOŚCI. WIĄŻE SIĘ TO Z ICH WARTOŚCIĄ ODŻYWCZĄ, BOGACTWEM WITAMIN PRZECIWSTARZENIOWYCH ORAZ REDUKUJĄCYCH ZMARSZCZKI, ODPOWIEDZIALNYCH ZA UTRZYMANIE MŁODEJ I PIĘKNEJ SKÓRY, JEJ REGENERACJĘ, STYMULACJĘ I ODNOWĘ. PROPONUJEMY KOKTAJLE Z DODATKIEM OWOCU ŻYCIA, CZYLI GRANATU, SOKU Z ROKITNIKA, BORÓWEK, ARONII, CZARNYCH PORZECZEK, ŻURAWIN I ŚLIWEK.

EKSPLOZJA MŁODOŚCI

Składniki na 1-2 porcje:

ziarna granatu z 1/2 owocu, kilka liści rukoli, pomarańcza, jabłko, 1/2 szklanki wody

Obierz pomarańczę i jabłko, usuwając gniazdo nasienne. Wszystkie składniki zmiksuj z wodą do uzyskania konsystencji koktajlu.

BOMBA REWITALIZUJĄCA

Składniki na 1-2 porcje:

garść owoców aronii, garść świeżych liści pietruszki, banan, 2 brzoskwinie, szklanka wody

Umyj liście pietruszki oraz owoce, usuń z brzoskwiń pestki i zmiksuj wszystkie składniki. Gdy użyjesz bardzo dojrzałych brzoskwiń i banana (z ciemnymi kropkami na skórce), cierpkość aronii zostanie zneutralizowana.

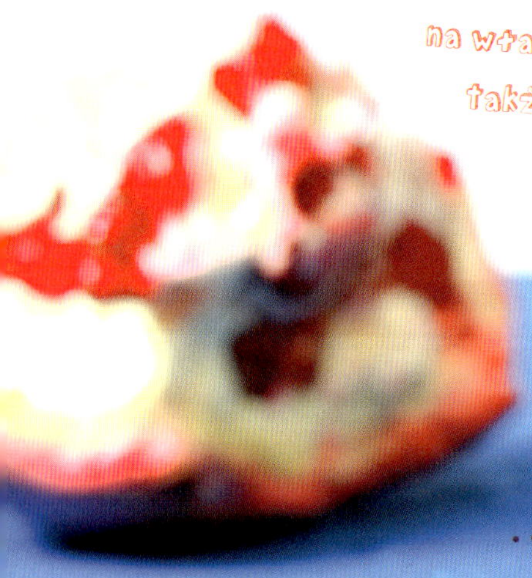

GRANAT nazywano owocem młodości ze względu na właściwości utleniające i mnóstwo witamin. Jest także symbolem zdrowia, miłości i płodności.

Owoce aronii to bomby witaminowe. Oprócz dużych ilości witamin C, B_1, B_2, B_6, E, składników mineralnych, przeciwutleniaczy i mikroelementów zawierają też bogactwo witaminy PP.

KOMPLEKS WITAMIN A+C+E

Składniki na 1-2 porcje:

50 ml soku z rokitnika, jabłko, 2 laski selera naciowego, kilka marchwi lub szklanka soku marchwiowego (opcjonalnie)

Obierz umyte jabłko i usuń gniazdo nasienne. Wyciśnij sok z marchwi lub użyj gotowego jednodniowego. Zmiksuj wszystkie składniki.

AMERYKAŃSKI SEN

Składniki na 1-2 porcje:

1/2 jabłka, 1/2 szklanki borówek amerykańskich, laska selera naciowego, banan, szklanka wody kokosowej

Obierz jabłko i usuń gniazdo nasienne. Umyj pozostałe warzywa i owoce, zmiksuj wszystko z wodą kokosową.

SOK Z ROKITNIKA jest źródłem trzech witamin młodości: **C**, która działa przeciwutleniająco i pozwala zachować młodość, **E** – głównego antyoksydantu chroniącego komórki przed wolnymi rodnikami oraz **A** – odpowiadającej za kondycję skóry, włosów i paznokci.

MUS MŁODOŚCI Z ŻURAWINĄ

Składniki na 1-2 porcje:

1/2 szklanki świeżej żurawiny, 1/2 awokado, banan, kaki, 1/2 szklanki wody (opcjonalnie)

Awokado przekrój na pół wzdłuż pestki, wydrąż miąższ łyżką. Umyj i obierz ze skóry owoce. Zmiksuj całość do konsystencji musu. Jeśli wolisz pić koktajl, dodaj wodę. Poza sezonem możesz użyć suszonych owoców żurawiny.

ŚLIWKOWA WITALNOŚĆ

Składniki na 1-2 porcje:

10 śliwek węgierek, 1/3 łyżeczki cynamonu, szczypta kardamonu, 2 łyżki naturalnego kakao (zmielonych ziaren kakaowca)

Umyj i wypestkuj śliwki, zmiksuj z przyprawami i kakao, aż uzyskasz konsystencję musu. W razie potrzeby dolej wody, aby mieć koktajl do picia.

Śliwki zawierają witaminy młodości A, C i E oraz polifenole, m.in. kwas chlorogenowy. Owoce najbogatsze w przeciwutleniacze mają najciemniejszą skórkę, np. węgierki.

KOKTAJL USZCZELNIAJĄCY NACZYNIA KRWIONOŚNE

Składniki na 1-2 porcje:

1/2 szklanki czarnej porzeczki, plaster melona grubości ok. 3 cm, 1/2 szklanki mleka migdałowego (lub sojowego)

Umyj owoce, zmiksuj z mlekiem roślinnym i pij na zdrowie. Poza sezonem możesz użyć mrożonych czarnych porzeczek. Czarna porzeczka zawiera dużą ilość witaminy C i antocyjanów, które odpowiadają za jej właściwości antyoksydacyjne, a także nadają ciemną barwę.

KOKTAJL REGENERACYJNY Z ŻURAWINĄ

Składniki na 1-2 porcje:

banan, 2 plastry świeżego ananasa, 3 orzechy brazylijskie, 2 łyżki suszonych owoców żurawiny, szklanka wody

Plastry ananasa obierz ze skóry, wykrój twardy środek, zmiksuj z pozostałymi składnikami do uzyskania konsystencji koktajlu. Najlepsza jest suszona żurawina stuprocentowa, bez dodatku cukru i oleju.

Trzy **orzechy brazylijskie** zaspokajają dzienne zapotrzebowanie organizmu na selen, pierwiastek, który wzmacnia układ odpornościowy i pomaga unieszkodliwić wolne rodniki.

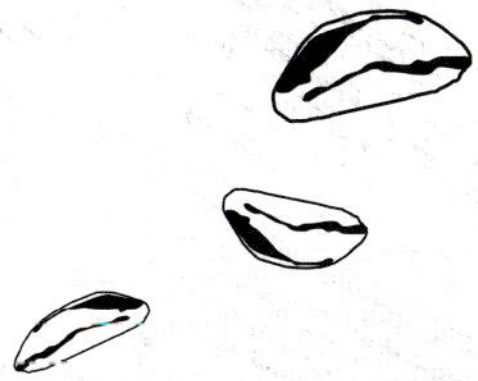

KOKTAJLE Z POMIDORAMI I MARCHEWKĄ

KAROTENOIDY, DO KTÓRYCH ZALICZAMY MIĘDZY INNYMI BETA--KAROTEN, WITAMINĘ A I LIKOPEN, POMAGAJĄ ZACHOWAĆ DOBRĄ KONDYCJĘ SKÓRY ORAZ ZDROWY WYGLĄD. CHRONIĄ TAKŻE PRZED NEGATYWNYMI SKUTKAMI PROMIENIOWANIA UV. LIKOPEN POPRAWIA GĘSTOŚĆ I GŁADKOŚĆ SKÓRY, NADAJE JEJ JEDNOLITY KOLORYT ORAZ SPŁYCA ZMARSZCZKI. POWSZECHNIE WIADOMO, ŻE NAJWIĘCEJ TEJ SUBSTANCJI ZAWIERAJĄ POMIDORY. BOGATYM ŹRÓDŁEM LIKOPENU SĄ TAKŻE ARBUZY, CZERWONE GREJPFRUTY I MORELE.

BETA-KAROTEN NA PIĘKNĄ CERĘ

Składniki na 1-2 porcje:

3 marchewki, pomarańcza, banan, łyżka siemienia lnianego, szklanka wody

Obierz wszystkie owoce i warzywa ze skóry, zmiksuj z siemieniem lnianym i wodą.

KOKTAJL DOTLENIAJĄCY I UELASTYCZNIAJĄCY SKÓRĘ

Składniki na 1-2 porcje:

2 brzoskwinie, 2 morele, 2 laski selera naciowego, grejpfrut, 1/2 szklanki wody

Wypestkuj brzoskwinie i morele, wyciśnij sok z grejpfruta i zmiksuj z umytym selerem naciowym oraz wodą.

WITAMINY NA PIĘKNĄ CERĘ

Składniki na 1-2 porcje:

2 łyżki płatków owsianych, garść świeżych liści pietruszki, 1/2 szklanki soku marchwiowego, 1/2 szklanki soku pomidorowego, odrobina czosnku, pieprz i sól do smaku

Umyte owoce i warzywa zmiksuj z pozostałymi składnikami do uzyskania jednolitej konsystencji, dopraw do smaku i pij na zdrowie. Zawsze najlepiej używać świeżo wyciśniętych soków warzywnych i owocowych, w tym koktajlu możesz jednak wykorzystać niepasteryzowane soki, np. jednodniowe.

KOKTAJL POPRAWIAJĄCY KONDYCJĘ SKÓRY

Składniki na 1-2 porcje:

czerwona papryka, dojrzałe awokado, dojrzałe mango, 1/2 marchewki, dojrzały banan, szklanka wody

Umyj oraz obierz owoce i warzywa. Awokado przekrój na pół wzdłuż pestki i wybierz miąższ łyżką. Dojrzałe mango przekrój wzdłuż przed pestką, natnij miąższ w szachownicę i odkrój. Wszystkie składniki umieść w blenderze kielichowym i zmiksuj na gładki koktajl.

KOKTAJLE Z CHWASTAMI I KWIATAMI

WIOSNĄ MOŻEMY SKORZYSTAĆ Z DARÓW NATURY W POSTACI DZIKO ROSNĄCYCH ROŚLIN. POPULARNE CHWASTY, JAK POKRZYWA, MNISZEK LEKARSKI CZY KONICZYNA, SĄ CZĘSTO NIEDOCENIANYM SUROWCEM, A WARTO O NICH PAMIĘTAĆ, GDYŻ ZAWIERAJĄ DUŻO CHLOROFILU I SKŁADNIKÓW ODŻYWCZYCH. SPRÓBUJ ROZSMAKOWAĆ SIĘ W KOKTAJLACH Z ICH DODATKIEM.

Nasturcja – jest rośliną pozyskiwaną głównie z upraw. Jej kwiaty, pędy i liście o ostrym smaku podobnym do rzeżuchy wykorzystuje się w medycynie i kosmetyce. W kuchni może być dodawana do sałatek i koktajli.

Stokrotka – popularny, drobny kwiatek rosnący dziko na łąkach i trawnikach. Ma zastosowanie przede wszystkim lecznicze, ale młode liście i kwiaty dodaje się do sałatek. Można je też zmiksować w koktajlach.

Szczaw – pospolita roślina w Polsce. Jego liście stosowane są w kuchni do przyrządzania zup, sosów, sałatek. Nadaje się do miksowania w zielonych koktajlach.

Lawenda wąskolistna – jej aromatyczne właściwości były znane już w czasach starożytnych; leczniczo używana co najmniej od średniowiecza. Ma szerokie zastosowanie kulinarne, głównie do dekoracji i aromatyzowania potraw.

MNISZEK POSPOLITY – inaczej mniszek lekarski, dmuchawiec, mlecz. Roślina o zastosowaniu leczniczym oraz kulinarnym. Młodych liści używa się do zup i sałatek, można je także miksować.

Pokrzywa zwyczajna – roślina lecznicza i kosmetyczna o kłująco-parzących liściach. Doceniali ją już Hipokrates w starożytności i Hildegarda z Bingen w średniowieczu. Przez wieki zapomniana i traktowana jako pokarm dla ubogich. Obecnie wraca do łask jako składnik kulinarny.

KONICZYNA ŁĄKOWA – pyszny pospolity chwast o słodkim smaku, w całości jadalny. Przez wieki służyła jako pasza dla zwierząt. Ma właściwości lecznicze. Liści i łodyg można użyć w sałatkach, a w koktajlach także kwiatów.

Liście rzodkiewki – są najwartościowszą częścią tej rośliny. Młode, ładne liście o ostrym smaku można dodawać do zup, kiszonek, pesto i warzywnych smoothie.

Lubczyk ogrodowy – przypisywano mu magiczną moc wpływania na uczucia ukochanej osoby. Ma właściwości lecznicze, a w kuchni jest szeroko stosowany jako przyprawa. Młode listki podnoszą aromat i wartość zdrowotną koktajli.

Natka marchewki – choć zastosowanie kulinarne ma głównie korzeń, do koktajli nadają się także liście o ciekawym, intensywnym smaku. W formie zmiksowanej są łatwiejsze do strawienia.

Fiołek trójbarwny – inaczej bratek, stosowany głównie w medycynie i w kosmetyce, ale może też być dodawany do koktajli ze względu na właściwości lecznicze.

KOKTAJLE Z POKRZYWĄ

POKRZYWA JEST JEDNĄ Z NAJCENNIEJSZYCH ROŚLIN LECZNICZYCH, O BOGATEJ ZAWARTOŚCI SKŁADNIKÓW ODŻYWCZYCH. WZMACNIA, REGENERUJE I OCZYSZCZA ORGANIZM DZIĘKI DUŻEJ ZAWARTOŚCI CHLOROFILU, WITAMINY C, KWASU FOLIOWEGO, ŻELAZA, WAPNIA ORAZ KRZEMU. ŚWIEŻĄ POKRZYWĘ ZRYWAMY PRZEDE WSZYSTKIM NA WIOSNĘ (ZWYKLE W MAJU), A W POZOSTAŁYCH MIESIĄCACH JEJ WYSTĘPOWANIA JEDYNIE GÓRNE, ŚWIEŻE I MŁODE LISTKI. POZA SEZONEM UŻYWAJ DO KOKTAJLI SUSZONYCH LIŚCI LUB NAPARÓW.

POKRZYWA W SŁODKICH OWOCACH

Składniki na 1-2 porcje:

spora garść młodych liści świeżej pokrzywy, dojrzałe mango, 2 plastry świeżego ananasa grubości ok. 2 cm, 150 ml wody

Mango przekrój wzdłuż przed pestką, natnij miąższ w szachownicę i odkrój. Plastry ananasa obierz ze skóry, wykrój twardy środek. Liście pokrzywy dokładnie opłucz. Składniki zmiksuj z wodą.

KOKTAJL BOGATY W WAPŃ

Składniki na 1-2 porcje:

garść młodych liści świeżej pokrzywy, 2 kiwi, dojrzały banan, 150 ml wody, 2 łyżki maku

Umyte liście pokrzywy zmiksuj z obranymi owocami kiwi i bananem. Uzupełnij wodą, dodaj mak i zmiksuj jeszcze raz. Podawaj posypany makiem.

KOKTAJL UŁATWIAJĄCY PRZEMIANĘ MATERII

Składniki na 1-2 porcje:

garść młodych liści świeżej pokrzywy, 1/2 awokado, laska selera naciowego, łyżeczka startego korzenia imbiru, sok z 1/2 cytryny, 150 ml świeżo wyciśniętego soku z pomarańczy, 1 łyżka miodu

Awokado przekrój na pół wzdłuż pestki i wybierz miąższ łyżką. Seler naciowy pokrój. Zmiksuj wszystkie składniki do uzyskania gładkiej konsystencji. Jeśli masz mocne urządzenie, nie ścieraj wcześniej korzenia imbiru, tylko wrzuć 1 cm w całości.

KOKTAJL WZMACNIAJĄCY PAZNOKCIE

Składniki na 1-2 porcje:

2 garści młodych liści świeżej pokrzywy, 2 jabłka, grejpfrut, 2 łyżki sezamu, 100 ml wody

Umyte liście pokrzywy zmiksuj z obranymi i pozbawionymi gniazd nasiennych jabłkami oraz obranym grejpfrutem. Dodaj sezam oraz wodę i zmiksuj ponownie do uzyskania jednolitej konsystencji. Podawaj posypany ziarnem sezamu.

Jeśli nie lubisz posmaku goryczki, użyj wyciśniętego soku z 1/2 grejpfruta zamiast całego owocu. Pamiętaj jednak, że najwięcej błonnika i pektyn znajduje się właśnie w błonkach.

WIĘCEJ PRZEPISÓW Z MAJOWĄ POKRZYWĄ ZNAJDZIESZ NA S. 120–121.

Pokrzywa nie parzy, gdy przelejesz ją przez sito gorącą wodą, a następnie zahartujesz zimną. Traci te właściwości również wtedy, gdy trochę zwiędnie. Zbieraj zawsze młode liście, z samego wierzchołka rośliny.

KOKTAJLE Z MNISZKIEM POSPOLITYM

MNISZEK POSPOLITY DZIAŁA OCZYSZCZAJĄCO I MOCZOPĘDNIE, POLECANY JEST NA NIESTRAWNOŚĆ, CHOROBY WĄTROBY, WORECZKA ŻÓŁCIOWEGO, NEREK, SKÓRY. W ODRÓŻNIENIU OD INNYCH MOCZOPĘDNYCH ZIÓŁ MNISZEK NIE WYPŁUKUJE Z ORGANIZMU POTASU, WRĘCZ GO UZUPEŁNIA, JAKO ŻE SAM JEST BOGATY W TEN SKŁADNIK. ZAWIERA TEŻ WIELONIENASYCONE KWASY TŁUSZCZOWE OMEGA 3, KAROTENOIDY, WITAMINĘ K, KWAS FOLIOWY, ŻELAZO I WAPŃ.

KREMOWY MNISZEK Z MANGO

Składniki na 1-2 porcje:
garść młodych liści mniszka pospolitego, dojrzałe mango, 2 pomarańcze

Mango przekrój wzdłuż przed pestką, natnij miąższ w szachownicę i odkrój. Umyj liście mniszka, wyciśnij sok z pomarańczy. Zmiksuj wszystkie składniki do uzyskania kremowej konsystencji.

MNISZEK NA SŁODKO Z RODZYNKAMI

Składniki na 1-2 porcje:
garść młodych liści mniszka pospolitego, 2 jabłka, 2 łyżki rodzynek, łyżka masła orzechowego, 200 ml soku z brzozy lub wody

Umyj liście mniszka, jabłka obierz i usuń gniazda nasienne. Zmiksuj wszystkie składniki na gładki koktajl – idealnie zaspokaja on zachciankę na „coś słodkiego".

BANANOWY MNISZEK

Składniki na 1-2 porcje:
garść młodych liści mniszka pospolitego, dojrzały banan, łyżka siemienia lnianego, sok z 1/2 cytryny, 150 ml soku z jabłek

Umyj liście mniszka i zmiksuj je z pozostałymi składnikami na gładki koktajl. Możesz samodzielnie wycisnąć sok z jabłek albo użyć gotowego, najlepiej bezpośrednio tłoczonego, bez dodatku cukru. Spróbuj też zmiksować cały owoc, ale wówczas uzupełnij koktajl wodą, gdyż będzie za gęsty.

KOKTAJL JAGODOWO-BURACZANY Z MNISZKIEM

Składniki na 1-2 porcje:
garść młodych liści mniszka pospolitego, mały burak, 1/2 szklanki jagód, jabłko, 150 ml soku z brzozy lub zamiennie wody

Buraka obierz ze skórki, liście mniszka starannie umyj, jabłko obierz, usuń gniazdo nasienne. Zmiksuj wszystkie składniki. Koktajl smakuje wybornie także z arbuzem – możesz go dodać zamiast soku z brzozy albo wody.

W sezonie wiosennym, kiedy liście mniszka pospolitego są młode i pyszne, możesz zastąpić nimi szpinak w każdym koktajlu z tym składnikiem.

Świeży sok z pnia brzozy jest bogaty w witaminy i minerały. Miksuj z nim zielone koktajle wiosną, gdy drzewa puszczają soki.

KOKTAJLE Z LAWENDĄ I FIOŁKIEM TRÓJBARWNYM

FIOŁEK TRÓJBARWNY (BRATEK) I LAWENDA KWITNĄ W POLSCE OD CZERWCA DO WRZEŚNIA, A ICH KWIATY IDEALNIE NADAJĄ SIĘ DO MIKSOWANIA W AROMATYCZNYCH KOKTAJLACH. BRATEK ZNAJDUJE ZASTOSOWANIE W LECZENIU CHORÓB SERCA, DRÓG ODDECHOWYCH, PRZY NADCIŚNIENIU TĘTNICZYM I ZABURZENIACH PRZEMIANY MATERII. KWIATY LAWENDY POBUDZAJĄ WYDZIELANIE SOKÓW TRAWIENNYCH, WSPOMAGAJĄ PRACĘ JELIT, ZAPOBIEGAJĄ WZDĘCIOM, DZIAŁAJĄ MOCZOPĘDNIE, WIATROPĘDNIE I NAPOTNIE.

Kwiaty lawendy oraz jagody działają przeciwreumatycznie. Wprowadź je do swojej diety, gdy chcesz poprawić kondycję stawów lub złagodzić dolegliwości związane z reumatyzmem.

KOKTAJL Z FIOŁKA TRÓJBARWNEGO I TRUSKAWEK

Składniki na 1-2 porcje:

garść kwiatów fiołka trójbarwnego, szklanka truskawek, 100 ml soku jabłkowego, 1/4 łyżeczki startego korzenia imbiru

Umyj kwiaty, truskawki obierz z szypułek. Zmiksuj z pozostałymi składnikami. Możesz także użyć gotowego soku jabłkowego, najlepiej bezpośrednio tłoczonego, bez dodatku cukru.

LAWENDOWE MIGDAŁY

Składniki na 1-2 porcje:

2 garści kwiatów lawendy, 1/2 szklanki truskawek, dojrzały banan, 150 ml mleka migdałowego, płatki migdałów do ozdoby (opcjonalnie)

Kwiaty lawendy bez łodyżek zmiksuj z truskawkami obranymi z szypułek, bananem oraz mlekiem migdałowym. Możesz posypać grubą warstwą płatków migdałowych.

BRATEK Z RZODKIEWKAMI

Składniki na 1-2 porcje:

garść kwiatów bratka, kilka liści młodego szpinaku, dojrzały banan, kilka rzodkiewek, 200 ml wody

Umyte kwiaty zmiksuj z pozostałymi składnikami. Schłodź koktajl przed wypiciem lub zmiksuj składniki z lodówki z zimną wodą – wówczas smakuje najlepiej. Jeśli trafisz na wyjątkowo ostre rzodkiewki, weź 1-2 sztuki; jeżeli są łagodne lub bardzo je lubisz, śmiało możesz do jednej porcji dać nawet 4 sztuki.

JAGODZIANKA NA REUMATYZM

Składniki na 1-2 porcje:

2 garści kwiatów lawendy, 1/2 szklanki jagód, łyżka miodu, 150 ml wody

Kwiaty lawendy bez łodyżek zmiksuj z miodem, jagodami i wodą do uzyskania jednolitej konsystencji.

KOKTAJLE ZE STOKROTKĄ I Z NASTURCJĄ

STOKROTKA TO PIĘKNY, JADALNY CHWAST, Z KTÓREGO NAJSMACZNIEJSZE SĄ KWIATY. DODANE DO KOKTAJLI DZIAŁAJĄ NA ORGANIZM OCZYSZCZAJĄCO, MOCZOPĘDNIE I WYKRZTUŚNIE. Z KOLEI KWIATY NASTURCJI CHARAKTERYZUJĄ SIĘ OSTRYM, PIEPRZOWYM SMAKIEM I AROMATEM, A KOKTAJLE Z NIMI SĄ DELIKATNIE PIKANTNE. OBFITUJĄ TEŻ W WITAMINĘ C, SOLE MINERALNE I BŁONNIK. WARTO KORZYSTAĆ Z DOBRODZIEJSTW NASTURCJI, BOGATEJ RÓWNIEŻ W KAROTENOIDY I POLIFENOLE, A PRZEZ TO SKUTECZNEJ W PROFILAKTYCE PRZECIWNOWOTWOROWEJ.

KOKTAJL WSPOMAGAJĄCY WĄTROBĘ

Składniki na 1-2 porcje:

2 garści kwiatów stokrotek, dojrzałe mango, 2 kiwi, 150 ml herbaty z ostropestu plamistego lub zielonej

Zaparz herbatę. Mango przekrój wzdłuż przed pestką, natnij miąższ w szachownicę i odkrój. Kiwi obierz ze skórki, umyj kwiaty stokrotek. Zmiksuj wszystkie składniki.

WITAMINOWY KOKTAJL KWIATOWY

Składniki na 1-2 porcje:

garść kwiatów nasturcji, sok z 2 pomarańczy, dojrzały banan, pestki z całego granatu

Umyj kwiaty nasturcji, zmiksuj z pozostałymi składnikami. Pikantny i delikatnie piekący smak nasturcji w tym zestawieniu jest tylko lekko wyczuwalny. Jeśli chcesz wzmocnić kwiatowy aromat koktajlu, daj podwójną porcję tej rośliny, nie zwiększając ilości pozostałych składników.

STOKROTKOWY KOKTAJL PODNOSZĄCY ODPORNOŚĆ

Składniki na 1-2 porcje:

garść kwiatów stokrotki, 1/4 melona, pomarańcza, sok z 1/2 cytryny, 100 ml soku z brzozy albo wody

Opłucz kwiaty stokrotki, zmiksuj wszystkie składniki na gładki koktajl. Stokrotek możesz dodać więcej – mają delikatny miętowy aromat i znakomicie podkręcą smak koktajlu.

PRZECIWNOWOTWOROWY CHŁODNIK Z NASTURCJĄ

Składniki na 1-2 porcje:

4 kwiaty nasturcji, 2 liście nasturcji, ogórek gruntowy, 2-3 liście mięty, sok z 1/2 limonki, 150 ml zimnego mleka sojowego, sól i pieprz do smaku (opcjonalnie), koperek do dekoracji

Umyj kwiaty i liście nasturcji oraz mięty, zmiksuj wszystkie składniki. W razie potrzeby dopraw koktajl solą i pieprzem. Podawaj schłodzony, posypany świeżym koperkiem.

Mimo że **herbata z ostropestu** jest głównym składnikiem oczyszczającym wątrobę, **zielona** również ma działanie wspomagające.

KOKTAJLE Z LIŚĆMI RZODKIEWKI I NATKĄ MARCHEWKI

NATKA MARCHEWKI ORAZ LIŚCIE RZODKIEWKI MAJĄ WIELOKROTNIE WIĘCEJ SKŁADNIKÓW ODŻYWCZYCH NIŻ KORZEŃ. MOŻESZ WYKORZYSTAĆ JE W CAŁOŚCI SPOŻYWAJĄC ZIELONĄ CZĘŚĆ W PYSZNYCH KOKTAJLACH, W KTÓRYCH CZĘSTO NAWET NIE WYCZUJESZ ICH GORZKIEGO CZY OSTREGO SMAKU. SPRÓBUJ!

SUROWA POMIDORÓWKA Z LIŚĆMI RZODKIEWKI

Składniki na 1-2 porcje:

duża garść młodych liści rzodkiewki, 5 pomidorków koktajlowych, pomidor, świeżo zmielony czarny pieprz, różowa sól himalajska do smaku (opcjonalnie), szczypiorek do posypania (opcjonalnie)

Umyte liście rzodkiewki zmiksuj z umytymi pomidorkami i pomidorem na gładki koktajl, dopraw świeżo zmielonym czarnym pieprzem i ewentualnie solą. Świetnie smakuje posypany świeżym szczypiorkiem.

ANTYSMUTKOWY KOKTAJL WITAMINOWY

Składniki na 1-2 porcje:

spora garść młodych liści rzodkiewki, pomarańcza, 2 plastry świeżego ananasa grubości ok. 2 cm, 1/2 cm świeżo startego korzenia imbiru, 1/2 łyżeczki kurkumy, 150 ml wody

Ananasy obierz ze skórki, wykrój twardy środek, obierz pomarańczę, umyj liście rzodkiewki. Zmiksuj wszystkie składniki na gładki koktajl, tak żeby powstała delikatna pianka. Pij świeżo po przyrządzeniu.

ARBUZOWO-TRUSKAWKOWY PRZYSMAK

Składniki na 1-2 porcje:

natka z młodej marchewki, szklanka truskawek, spory plaster arbuza

Umytą natkę marchewki i truskawki bez szypułek zmiksuj z arbuzem do uzyskania jednolitej konsystencji. Jeśli masz mocny mikser lub blender, nie musisz pozbywać się pestek arbuza – zmiksują się idealnie, a pozostałe drobinki opadną na dno koktajlu. W innym wypadku wyjmij pestki przed miksowaniem, jeśli nie chcesz ich czuć pod zębami.

KOKTAJL NA PROMIENNĄ CERĘ

Składniki na 1-2 porcje:
2 młode marchewki z natką, banan, 2 pomarańcze, łyżka oleju kokosowego extra virgin, 100 ml wody

Umyj dokładnie młode marchewki z nacią. Zmiksuj z bananem, olejem kokosowym i obranymi ze skóry pomarańczami oraz wodą. Koktajl ten smakuje równie wybornie z grejpfrutem zamiast pomarańczy. Zmiksuj wówczas cały grejpfrut i dodaj drugą porcję 100 ml wody. Jeżeli nie lubisz gorzkich błonek, wyciśnij tylko sok z 2 owoców. Regularne spożywanie koktajlu działa regenerująco na skórę, odżywia ją, odmładza, rozświetla i dodaje blasku.

Naturalne substancje znajdujące się w ***kłączach kurkumy*** *stymulują system immunologiczny do niszczenia białka, którego złogi utrudniają przewodzenie sygnałów nerwowych odpowiedzialnych za pamięć, uwagę, zachowanie czy nastrój. Sproszkowana kurkuma dodawana do koktajli łagodzi stany smutku i depresji.*

KOKTAJLE Z KONICZYNĄ, LUBCZYKIEM I ZE SZCZAWIEM

KONICZYNA TO POSPOLITY CHWAST O DZIAŁANIU MOCZOPĘDNYM, ALE ZNAJDUJE TEŻ ZASTOSOWANIE PRZY ZAPARCIACH ORAZ POBUDZA APETYT. LUBCZYK MA INTENSYWNY POSMAK MAGGI, TOTEŻ DODAJE SIĘ GO DO KOKTAJLI NIEWIELE. POPRAWIA TRAWIENIE, KRĄŻENIE, DZIAŁA ŁAGODNIE USPOKAJAJĄCO, ROZKURCZOWO I PRZECIWGRZYBICZNIE, A TAKŻE OBNIŻA POZIOM CHOLESTEROLU. LIŚCIE SZCZAWIU CHARAKTERYZUJĄ SIĘ KWAŚNYM SMAKIEM, DLATEGO KOKTAJLE Z NIMI SĄ MOCNO ORZEŹWIAJĄCE. UŻYWAJ MŁODYCH, GDYŻ STARSZE TRUDNO SIĘ MIKSUJE.

ODŻYWCZY KOKTAJL PEŁEN WITAMIN

Składniki na 1-2 porcje:

2 garści kwiatów i listków koniczyny, 2 garści świeżego młodego szpinaku, banan, 1/2 szklanki truskawek, 4 migdały, 2 suszone daktyle, 200 ml wody

Umyty szpinak oraz kwiaty i liście koniczyny razem z truskawkami bez szypułek zmiksuj z bananem, migdałami i daktylami do uzyskania jednolitej konsystencji. Dodaj wodę i ponownie zmiksuj. Jeśli masz słabszy blender, namocz wcześniej migdały i daktyle.

*Jadalne są wszystkie rodzaje **koniczyny**. Te o białych kwiatach mają smaczniejsze listki, z kolei odmiany różowe wyróżniają się słodszymi kwiatami.*

KOKTAJL OBNIŻAJĄCY CHOLESTEROL

Składniki na 1-2 porcje:

garść świeżego szczawiu, jabłko, dojrzały banan, łyżeczka cynamonu, łyżeczka oleju lnianego, 250 ml wody

Szczaw umyj, jabłko obierz i usuń gniazdo nasienne. Zmiksuj oba składniki z bananem. Dodaj cynamon, olej lniany oraz wodę i zmiksuj ponownie. Zamiast jabłka możesz użyć także pomarańczy.

KOKTAJL LEKKO ROSOŁOWY

Składniki na 1-2 porcje:

dojrzałe awokado, dojrzała gruszka lub banan, sok z 1/2 cytryny, 1-2 listki lubczyku, prażony sezam do posypania (opcjonalnie)

Przekrój awokado na pół wzdłuż pestki, oddziel, wydrąż miąższ łyżką. Gruszkę obierz. Zmiksuj wszystkie składniki. Podawaj posypany prażonym sezamem. Koktajl ma delikatny smak maggi.

SZCZAW Z PIECZONYM BATATEM

Składniki na 1-2 porcje:

spora garść świeżego szczawiu, 1/2 batata (słodkiego ziemniaka), jabłko, sok z 1/2 cytryny, 2 łyżeczki pestek dyni (z czego 1/2 prażonych do posypania), 100-200 ml wody

Upiecz w piekarniku obranego ze skóry batata (jeśli zależy ci na czasie, pokrój go na mniejsze kawałki). Szczaw umyj, jabłko obierz i usuń gniazdo nasienne. Zmiksuj te składniki na mus z łyżeczką pestek dyni, dodaj 100 ml wody i ponownie zmiksuj. Jeśli wolisz rzadszy koktajl, wlej więcej wody. Posyp prażonymi pestkami dyni.

Ten koktajl możesz pić na ciepło, gdy zmiksujesz batata po wyjęciu z piekarnika, lub na zimno, jeśli wykorzystasz pozostałości z obiadu.

KOKTAJLOWE ZUPY KREMY

NIEKTÓRE KOKTAJLE, ZWŁASZCZA TE O AROMACIE WYTRAWNEJ ZUPY, Z PRZEWAGĄ WARZYW NAD OWOCAMI, MOGĄ ZASTĄPIĆ PIERWSZE OBIADOWE DANIE. SĄ WŚRÓD NICH MIKSY, NA PRZYKŁAD POŁĄCZENIE POMIDORÓW Z PAPRYKĄ I PRZYPRAWAMI, KTÓRE PRZYPOMINAJĄ HISZPAŃSKIE GAZPACHO, INNE Z KOLEI WZBUDZAJĄ CIEKAWOŚĆ, CZY TO JUŻ ZUPA CZY JESZCZE KOKTAJL WARZYWNY.

ZUPY KOKTAJLOWE Z POMIDORAMI

CZY WIESZ, ŻE POMIDOR TO OWOC? JEST NIM Z BOTANICZNEGO PUNKTU WIDZENIA. ZE WZGLĘDU NA MAŁĄ ZAWARTOŚĆ CUKRU UŻYWA SIĘ GO RACZEJ DO SAŁATEK WARZYWNYCH LUB W DANIACH GŁÓWNYCH, NIE DO DESERÓW. AMERYKANIE ROZWIĄZALI TEN PROBLEM, WPROWADZAJĄC W 1883 ROKU USTAWĘ, KTÓRA UZNAŁA POMIDORA ZA WARZYWO Z UWAGI NA JEGO ZASTOSOWANIA KULINARNE.

ARBUZOWE GAZPACHO

Składniki na 1-2 porcje:

1/6 arbuza, 2 dojrzałe pomidory, ogórek, 1/2 czerwonej papryki, 2 piórka cebuli lub kawałek pora (ok. 1 cm), sól i pieprz do smaku

Wypestkuj miąższ arbuza, umyte owoce i warzywa zmiksuj z pozostałymi składnikami do uzyskania konsystencji koktajlu.

POMIDOROWY PAPRYKOWIEC

Składniki na 1-2 porcje:

3 dojrzałe, mięsiste pomidory, czerwona papryka, szczypta chili, sól do smaku, koperek (do posypania)

Zmiksuj umyte pomidory i paprykę bez gniazda nasiennego, w razie potrzeby uzupełnij wodą. Dopraw i posyp świeżo pokrojonym koperkiem.

NIE PRZECHOWUJ POMIDORÓW W LODÓWCE, gdyż tracą smak i stają się papkowate. Najlepiej trzymaj je w temperaturze pokojowej, ułożone szypułkami w dół – dzięki temu mogą spokojnie dojrzewać.

ZIELONE POMIDORY

Składniki na 1-2 porcje:

kilka listków rukoli, garść świeżych liści młodego szpinaku, 3 dojrzałe, mięsiste pomidory, 4-6 świeżych liści mięty, szczypta chili, szczypta pieprzu, sól do smaku

Umyj liście zieleniny, pomidory oraz zioła. Zmiksuj wszystkie składniki do uzyskania jednolitej konsystencji. Jeśli lubisz rukolę lub trafiłeś na delikatne, mało pikantne liście, możesz dać jej więcej. Zazwyczaj wystarczą 2-3 listki, aby aromat rukoli nie zdominował napoju.

BŁYSKAWICZNA POMIDORÓWKA

Składniki na 1-2 porcje:

4 dojrzałe, mięsiste pomidory, szczypta gałki muszkatołowej, szczypta pieprzu, sól do smaku, szczypiorek (do posypania)

Zmiksuj umyte pomidory do konsystencji koktajlu, w razie potrzeby uzupełnij wodą. Dopraw i posyp świeżo pokrojonym szczypiorkiem.

ZUPY NA ZIMNO – KOKTAJLE Z BURAKAMI

BURAKI W ZUPIE OZNACZAJĄ DLA NAS BARSZCZ CZY BOTWINKĘ, A PRZECIEŻ PYSZNE POŁĄCZENIA SMAKOWE UZYSKAMY TAKŻE, PRZYGOTOWUJĄC KREMOWE KOKTAJLE Z TYM WARZYWEM I INNYMI KORZENIOWYMI ALBO SŁODKIMI OWOCAMI. WAŻNE JEST, ABY UŻYWAĆ DOBRYCH I SMACZNYCH BURAKÓW, JĘDRNYCH, LEKKO SŁODKICH, NIE STĘCHŁYCH I ZIEMISTYCH, BO ZEPSUJĄ SMAK KOKTAJLU.

BURACZANIEC Z SOKIEM POMIDOROWYM

Składniki na 1-2 porcje:

1/2 surowego buraka, 1/2 jabłka, szklanka soku pomidorowego, 4 listki świeżej mięty, szczypta pieprzu ziołowego

Obierz owoce i buraka, usuń gniazdo nasienne z jabłka. Zmiksuj wszystkie składniki.

BURACZANY MIKS NA SŁODKO

Składniki na 1-2 porcje:

surowy burak, szklanka malin, banan, szklanka mleka ryżowego (lub owsianego)

Umyj owoce, obierz buraka, zmiksuj z pozostałymi składnikami. Poza sezonem użyj mrożonych malin.

MIKS BURACZANO-KOKOSOWY

Składniki na 1-2 porcje:

duży surowy burak, 1/2 szklanki mleka kokosowego, 1/2 szklanki wody, łyżeczka oleju kokosowego nierafinowanego (extra virgin), szczypta pieprzu, szczypta ziół prowansalskich, szczypta chili

Umyj i obierz buraka, zmiksuj z pozostałymi składnikami do uzyskania jednolitej konsystencji.

WARZYWNY KOKTAJL

Składniki na 1-2 porcje:

surowy burak, 2 marchewki, 2 ogórki zielone długie, 1/2 szklanki wody, łyżka sezamu (opcjonalnie)

Umyj i obierz warzywa. Zmiksuj wszystkie składniki. Możesz użyć sezamu do posypania koktajlu przed podaniem.

Burak to twarde warzywo korzeniowe, które ciężko się miksuje słabszym blenderem. Polecamy pokrojenie go na mniejsze kawałki przed miksowaniem, użycie opcji pulsującej urządzenia lub ostatecznie upieczenie albo ugotowanie warzyw.

ZUPY Z WARZYWAMI KORZENIOWYMI

NISKOKALORYCZNE I BARDZO WARTOŚCIOWE WARZYWA KORZENIOWE IDEALNIE NADAJĄ SIĘ NA KOKTAJLE À LA ZUPY KREMY. ZWŁASZCZA MARCHEWKA, NAJPOPULARNIEJSZE WARZYWO W POLSCE, WSPÓŁGRA SMAKOWO Z INNYMI SKŁADNIKAMI I W DANIACH NA SŁODKO, I NA SŁONO CZY OSTRO. KOKTAJLE Z WARZYWAMI KORZENIOWYMI DOBROCZYNNIE WPŁYWAJĄ NA UKŁAD IMMUNOLOGICZNY.

POMARAŃCZOWA BEZ POMARAŃCZY

Składniki na 1-2 porcje:

dojrzała gruszka, 3 marchewki, łyżka oliwy, piórko cebuli, 1/4 łyżeczki tymianku, szczypta gałki muszkatołowej, sól i pieprz do smaku

Umyj i obierz marchewki i gruszkę, usuń gniazdo nasienne. Zmiksuj wszystkie składniki.

SELEROWE MNIAM

Składniki na 1-2 porcje:

2 laski selera naciowego, kawałek korzenia selera (wielkości 1/4 jabłka), 2 dojrzałe pomidory, 1/2 jabłka, 1/2 cytryny, sól do smaku

Umyj warzywa i owoce, z jabłka usuń gniazdo nasienne. Wyciśnij sok z cytryny i zmiksuj wszystkie składniki.

MARCHEWKOWY MISZMASZ

Składniki na 1-2 porcje:

3 marchewki, awokado, laska selera naciowego, piórko cebuli, 1/3 ząbka czosnku, łyżeczka oleju lnianego, szczypta różowej soli himalajskiej, szczypta pieprzu, pokrojony szczypiorek (do posypania)

Umyj i obierz marchewkę, awokado przekrój na pół wzdłuż pestki i wybierz miąższ łyżką. Zmiksuj wszystkie składniki do uzyskania zupy na zimno. Posyp szczypiorkiem.

WARZYWNE CO NIECO

Składniki na 1-2 porcje:

mała cukinia, pomidor, laska selera naciowego, marchewka, daktyl, piórko cebuli, 1/3 ząbka czosnku, łyżka oleju lnianego, szczypta różowej soli himalajskiej, szczypta pieprzu

Umyj i obierz warzywa, zmiksuj wszystkie składniki do konsystencji koktajlu.

Koktajle warzywne mają na ogół gęstą konsystencję i są pożywne, często nadają się do jedzenia łyżką. Jeśli wolisz wersję pitną, rozcieńcz wodą w ilości 1/2-1 szklanki.

ZUPY NA ZIMNO Z KAPUSTĄ

KAPUSTA TO 3 RAZY „O": ODŻYWIAJĄCA, ODMŁADZAJĄCA I ODCHUDZAJĄCA. WARTO PAMIĘTAĆ, ŻE POŁOWA ZAWARTEJ W KAPUŚCIE WITAMINY C ULEGA ZNISZCZENIU PODCZAS GOTOWANIA, MIKSOWANIE WIĘC TEGO WARZYWA NA SUROWO W KOKTAJLACH TO ROZWIĄZANIE POZWALAJĄCE ZACHOWAĆ CENNĄ WITAMINĘ ORAZ INNE SKŁADNIKI. DO WARZYW KAPUŚCIANYCH, OPRÓCZ KAPUSTY BIAŁEJ, CZERWONEJ, KISZONEJ I WŁOSKIEJ, ZALICZAMY TAKŻE JARMUŻ, BRUKSELKĘ CZY KALAREPĘ. PRZEPISY NA KOKTAJLE Z NIMI ZNAJDZIESZ W INNYCH ROZDZIAŁACH.

ZIELONY KAPUŚNIAK

Składniki na 1-2 porcje:

1/2 szklanki kiszonej kapusty, garść szpinaku, jabłko, szklanka soku pomarańczowego

Umyj liście szpinaku i owoce. Obierz jabłko, usuń gniazdo nasienne. Zmiksuj wszystkie składniki. Możesz użyć niepasteryzowanego soku pomarańczowego.

KAPUŚCIANA ZUPA KOKTAJLOWA

Składniki na 1-2 porcje:

2 liście białej kapusty, ogórek, laska selera naciowego, jabłko, łyżeczka oleju lnianego (lub oliwy)

Umyj i obierz warzywa i owoce, z jabłka usuń gniazdo nasienne. Zmiksuj wszystkie składniki.

JABŁKOWA KAPUŚCIANKA

Składniki na 1-2 porcje:

szklanka poszatkowanej czerwonej kapusty, 2 jabłka, szklanka wody, łyżka siemienia lnianego

Umyj i obierz jabłka, usuń z nich gniazda nasienne. Zmiksuj z pozostałymi składnikami.

ANANASOWA KAPUSTA

Składniki na 1-2 porcje:

2 liście kapusty włoskiej, 2 różyczki surowego brokułu, garść liści świeżej pietruszki, 2 plastry świeżego ananasa grubości ok. 2 cm, 1/2 cytryny, 1/2 szklanki wody

Umyj zieleninę, plastry ananasa obierz ze skóry, wykrój twardy środek, wyciśnij sok z cytryny. Zmiksuj wszystko do uzyskania jednolitej konsystencji.

KOKTAJLE NA GĘSTO Z KASZĄ

KOKTAJLE À LA ZUPY PYSZNIE SMAKUJĄ ZAGĘSZCZONE KASZĄ, NA PRZYKŁAD JAGLANĄ, BOGATĄ W SKŁADNIKI ODŻYWCZE I BEZGLUTENOWĄ. PROPONUJEMY JĄ W MIKSIE WARZYWNYM I ORZECHOWYM NA OSTRO. ZDROWE I SMACZNE JEST TAKŻE POŁĄCZENIE WARZYW Z KOMOSĄ RYŻOWĄ LUB KASZKĄ KUSKUS. OBIE PROPOZYCJE TO POTRAWY BOGATE W BIAŁKO — STANOWIĄ PEŁNOWARTOŚCIOWY POSIŁEK.

GROSZKOWY KUSKUS

Składniki na 1-2 porcje:

1/4 szklanki razowego kuskusu, szklanka groszku mrożonego, 1/2 szklanki wody, łyżeczka sosu tabasco, pokrojony szczypiorek (do posypania)

Zalej kuskus wrzątkiem, odczekaj 5 minut i zmiksuj z groszkiem oraz pozostałymi składnikami. Możesz dodać więcej wody, aby uzyskać bardziej płynną konsystencję, oraz ciepłej wody, gdy chcesz mieć koktajl na ciepło.

ORZECHOWA KASZA JAGLANA NA OSTRO

Składniki na 1-2 porcje:

1/2 szklanki ugotowanej kaszy jaglanej, 2 łyżki masła z orzechów nerkowca, łyżka oleju kokosowego, suszony daktyl, odrobina soku z cytryny, szczypta chili, sól i pieprz do smaku

Zmiksuj wszystkie składniki do uzyskania jednolitej konsystencji. W razie potrzeby mocniej dopraw.

WARZYWNA JAGLANKA

Składniki na 1-2 porcje:

1/2 szklanki ugotowanej kaszy jaglanej, 1/2 małej cukinii, 1/2 czerwonej papryki, szczypta curry, szczypta różowej soli himaljskiej, 1/2 szklanki mleka kokosowego, 1/2 szklanki wody (opcjonalnie)

Umyj i obierz warzywa, zmiksuj wszystkie składniki. Koktajl można przygotować także na ciepło, wystarczy użyć gorącej ugotowanej kaszy jaglanej. Możesz ją ugotować wcześniej lub użyć resztek z obiadu. Poranne przygotowanie koktajlu zajmie wtedy tylko chwilę.

KOMOSA RYŻOWA Z WARZYWAMI

Składniki na 1-2 porcje:

1/2 szklanki ugotowanej komosy ryżowej (quinoa), 2 różyczki surowego brokuła, 2 pieczarki, 1/2 awokado, łyżeczka oliwy, łyżeczka sosu sojowego, sól i pieprz do smaku, szczypta bazylii, 1/2 szklanki wody

Awokado przekrój na pół wzdłuż pestki i wybierz miąższ łyżką. Umyj warzywa i obierz w razie potrzeby. Zmiksuj wszystkie składniki do uzyskania jednolitej konsystencji.

szklanka ugotowanej
KASZY JAGLANEJ
to około 1/2 szklanki
suchej kaszy.

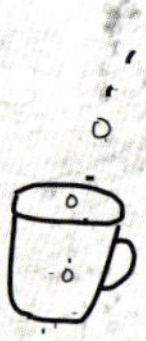

ZUPY WYTRAWNE Z KIEŁKAMI

KIEŁKI SĄ DOSTĘPNE W SKLEPACH, ALE MOŻESZ JE TAKŻE WYHODOWAĆ SAMODZIELNIE. TO KOPALNIA WARTOŚCI ODŻYWCZYCH, GDYŻ ŚWIEŻO WYKIEŁKOWANE ZIARNO UWALNIA MNÓSTWO WITAMIN, MIKRO- I MAKROELEMENTÓW, ENZYMÓW, BIAŁEK, ŁATWO PRZYSWAJALNYCH WĘGLOWODANÓW I NIENASYCONYCH KWASÓW TŁUSZCZOWYCH POTRZEBNYCH ROŚLINIE DO DALSZEGO WZROSTU. KIEŁKI STANOWIĄ SMACZNY DODATEK ZARÓWNO W FORMIE SKŁADNIKA KOKTAJLU (ZMIKSOWANE), JAK I W FORMIE PRZEGRYZKI (DODANE DO ZUPY BEZ MIKSOWANIA) ORAZ DEKORACJI.

DYNIOWY PRZYSMAK

Składniki na 1-2 porcje:

1/2 szklanki piure z dyni, 1/2 szklanki soku pomarańczowego, łyżeczka miodu, 1/4 łyżeczki sproszkowanego korzenia imbiru, 1/4 łyżeczki kardamonu, szczypta chili, szczypta różowej soli himalajskiej, garść kiełków słonecznika (do posypania)

Zmiksuj wszystkie składniki do uzyskania jednolitej konsystencji. Posyp kiełkami słonecznika.

MARCHEWKOWE KIEŁKI

Składniki na 1-2 porcje:

szklanka świeżo wyciśniętego soku marchwiowego, awokado, 1/2 garści kiełków lucerny (alfaalfa), szczypta świeżego korzenia imbiru (lub sproszkowanego), szczypta różowej soli himalajskiej

Awokado przekrój na pół wzdłuż pestki i wybierz miąższ łyżką. Zmiksuj wszystkie składniki i dopraw do smaku.

RZEŻUCHA NIE TYLKO NA WIELKANOC

Składniki na 1-2 porcje:

dojrzały banan, garść rzeżuchy, 1/2 łyżeczki startego korzenia imbiru, łyżeczka soku z cytryny, łyżeczka syropu klonowego, 1/2 szklanki mleka kokosowego, 1/2 szklanki wody

Zmiksuj wszystkie składniki na gładki koktajl.

PIURE Z DYNI miksujemy z miąższu upieczonego w piekarniku lub ugotowanego. Możemy je przechowywać w zamrażarce i używać w razie potrzeby. W sezonie warto przygotować i zamrozić zapas dyniowego piure.

POMIDOROWA Z CHARAKTEREM

Składniki na 1-2 porcje:

3 dojrzałe pomidory, 1/2 czerwonej papryki, 1/2 garści kiełków brokułów, 2 łyżki oliwy (extra virgin), łyżeczka świeżo startego korzenia imbiru, szczypta cynamonu, szczypta chili, szczypta różowej soli himalajskiej

Zmiksuj umyte warzywa z przyprawami i kiełkami do jednolitej konsystencji. W razie potrzeby delikatnie rozcieńcz wodą.

WYTRAWNE ZUPY NA ZIMNO

ABY SMAK KOKTAJLU BYŁ WYTRAWNY, NAJLEPIEJ STOSOWAĆ POŁĄCZENIA WARZYWNE. Z OWOCÓW POLECAMY ODŻYWCZE I PEŁNE ZDROWYCH TŁUSZCZÓW AWOKADO, TAKŻE DLA UZYSKANIA KREMOWEJ I JEDWABISTEJ KONSYSTENCJI. W POSTACI SUROWEJ AWOKADO ZACHOWUJE NAJWIĘCEJ WARTOŚCI ODŻYWCZYCH. POMAGA TEŻ WE WCHŁANIANIU LIKOPENU ORAZ BETA-KAROTENU.

BROKUŁOWA MIESZANKA

Składniki na 1-2 porcje:
6 różyczek surowego brokułu, 3 pieczarki, 1/2 awokado, piórko cebuli, łyżka oliwy, łyżeczka octu balsamicznego, 1/3 ząbka czosnku, szczypta suszonej bazylii, sól i pieprz do smaku

Awokado przekrój na pół wzdłuż pestki i wybierz miąższ łyżką, umyj warzywa i obierz w razie potrzeby, zmiksuj z pozostałymi składnikami do uzyskania konsystencji gęstego kremowego koktajlu. W razie potrzeby dodaj 1/2 szklanki wody.

KOKTAJL Z KABACZKA

Składniki na 1-2 porcje:
kabaczek, szczypta chili, szczypta cynamonu, szczypta różowej soli himalajskiej, szklanka mleka migdałowego, łyżeczka oleju lnianego, łyżka prażonego sezamu (opcjonalnie)

Umyj i obierz kabaczka, zmiksuj z mlekiem migdałowym na gładki koktajl, dopraw i ponownie zmiksuj. Przed podaniem polej olejem lnianym, możesz też posypać prażonym sezamem. Zamiast kabaczka można użyć cukinii.

PODWÓJNIE ZIELONY GROSZEK

Składniki na 1-2 porcje:
szklanka świeżego lub mrożonego groszku, 1/2 awokado, szklanka mleka migdałowego, pieprz i sól do smaku

Awokado przekrój na pół wzdłuż pestki i wybierz miąższ łyżką. Rozmrożony groszek zmiksuj z pozostałymi składnikami. Dopraw do smaku.

KOKTAJL À LA ZUPA Z AWOKADO

Składniki na 1-2 porcje:
awokado, 1/4 cebuli, 1/3 ząbka czosnku, 1/2 papryki, 2 łyżki pestek dyni, łyżeczka oliwy (ewentualnie oleju lnianego lub oleju z pestek dyni), sól i pieprz do smaku

Awokado przekrój na pół wzdłuż pestki i wybierz miąższ łyżką. Umyj warzywa, obierz cebulę i czosnek. Zmiksuj wszystkie składniki, pozostawiając łyżkę pestek dyni. W razie potrzeby rozcieńcz 1/2 szklanki wody. Posyp zupę resztą dyniowych pestek.

KOKTAJLE DESEROWE

KAŻDY ŁASUCH UWIELBIA SŁODKIE DESERY, NIE WSZYSTKIE SĄ JEDNAK ZDROWE. ZNAKOMITĄ ALTERNATYWĘ STANOWIĄ KOKTAJLE. NAWET JEŚLI NIE MASZ KULINARNYCH UMIEJĘTNOŚCI, JESTEŚ W STANIE PRZYGOTOWAĆ TAKĄ SŁODKĄ NIESPODZIANKĘ. NIE UŻYWAJ CUKRU — DO WIĘKSZOŚCI DOJRZAŁYCH OWOCÓW NIE TRZEBA GO DODAWAĆ. JEŻELI MUSISZ DOSŁODZIĆ DESER, SIĘGNIJ PO NATURALNE SKŁADNIKI, TAKIE JAK MIÓD, SYROP KLONOWY CZY STEWIA.

CZEKOLADOWE BEZ CZEKOLADY

ZA CAŁĄ SŁAWĘ CZEKOLADY ODPOWIADA JEDEN SKŁADNIK. TO PEŁNE DOBROCZYNNYCH WŁAŚCIWOŚCI ZIARNA KAKAOWCA. MAJĄ ONE TAK WIELE WARTOŚCI ODŻYWCZYCH, ŻE SĄ ZALICZANE DO SUPERŻYWNOŚCI. MOŻNA JE KUPIĆ W CAŁOŚCI (W POLSCE TRUDNO DOSTĘPNE), A TAKŻE W FORMIE ŁUPANEJ, KRUSZONEJ LUB SPROSZKOWANEJ. MAJĄ GORZKI SMAK, DLATEGO JEŚLI CHCESZ CIESZYĆ SIĘ ZDROWYM I SŁODKIM KOKTAJLEM CZEKOLADOWYM BEZ CZEKOLADY, UŻYWAJ ZAMIENNIKÓW BIAŁEGO CUKRU, JAK DAKTYLE, DOJRZAŁE BANANY, SUSZONE OWOCE, MIÓD CZY SYROP KLONOWY.

BANANOWY DESER

Składniki na 1-2 porcje:

2 dojrzałe banany, 1-2 łyżki naturalnego kakao (zmielonych ziaren kakaowca), łyżka miodu, szklanka mleka ryżowego lub owsianego

Zmiksuj wszystkie składniki do uzyskania koktajlu z pianką.

SMAK TROPIKÓW

Składniki na 1-2 porcje:

1/2 szklanki ugotowanej kaszy jaglanej, 2 łyżki naturalnego kakao (zmielonych ziaren kakaowca), szklanka mleka kokosowego, 4 łyżki wiórków kokosowych

Zmiksuj kaszę jaglaną z kakao i mlekiem kokosowym, dodaj wiórki kokosowe i zamieszaj.

ŚLIWKA W CZEKOLADZIE

Składniki na 1-2 porcje:
2 dojrzałe banany, 1-2 łyżki naturalnego kakao (zmielonych ziaren kakaowca), 6 suszonych śliwek, 1/2 szklanki wody

Suszone śliwki namocz w ciepłej wodzie (przynajmniej na godzinę), odsącz i zmiksuj z pozostałymi składnikami do uzyskania jednolitej konsystencji.

MROŻONE KAKAO

Składniki na 1-2 porcje:
2 mrożone banany, łyżka naturalnego kakao (zmielonych ziaren kakaowca), szczypta różowej soli himalajskiej, szklanka mleka migdałowego

Zmiksuj wszystkie składniki. Zalecany jest blender z opcją kruszenia lodu, żeby zmiksować mrożone banany.

KOKTAJLOWE DESERY Z KAROBEM

MĄCZKA CHLEBA ŚWIĘTOJAŃSKIEGO, ZWANA KAROBEM, POWSTAJE PO ZMIELENIU NASION ZE STRĄKÓW, KTÓRE ROSNĄ NA DRZEWIE KAROBU. PROSZEK TEN ZASTĘPUJE GORZKIE KAKAO W KOKTAJLACH I STANOWI IDEALNY ZAMIENNIK DLA ALERGIKÓW. KAROB JEST BOGATY W NATURALNY CUKIER, WAPŃ I MINERAŁY ORAZ REGULUJE PRACĘ JELIT. POPRAWIA TRAWIENIE I NIE ZAWIERA CHOLESTEROLU. MA SŁODKI SMAK POZBAWIONY GORYCZY KAKAO.

DESEROWY KOKTAJL NA TRAWIENIE

Składniki na 1-2 porcje:

łyżka melasy z karobu, 2 łyżeczki sproszkowanego karobu, 2 dojrzałe banany, szklanka wody, 6 migdałów, 3 suszone figi

Zmiksuj banany z karobem i wodą do uzyskania konsystencji koktajlu. Dodaj pokruszone i pokrojone migdały oraz figi i zamieszaj.

POMARAŃCZOWA JAGLANKA DESEROWA

Składniki na 1-2 porcje:

3 łyżki ugotowanej kaszy jaglanej, łyżka melasy z karobu, 2 pomarańcze, banan, łyżeczka cynamonu, łyżka miodu (opcjonalnie)

Wyciśnij sok z pomarańczy i zmiksuj z pozostałymi składnikami. W razie potrzeby dosłódź deser miodem.

MUS ŚLIWKOWO-CZEKOLADOWY

Składniki na 1-2 porcje:

8 śliwek węgierek, 2 suszone śliwki, 2 łyżki melasy z karobu, łyżka sproszkowanego karobu, 1/2 szklanki mleka migdałowego, 2 łyżki miodu, szczypta kardamonu, szczypta gałki muszkatołowej

Umyj i wypestkuj śliwki. Zmiksuj wszystkie składniki do uzyskania aksamitnego musu śliwkowo-czekoladowego.

REGULATOR PRACY JELIT

Składniki na 1-2 porcje:

2 łyżki sproszkowanego karobu, awokado, 2 banany, szczypta gałki muszkatołowej

Awokado przekrój na pół wzdłuż pestki i wybierz miąższ łyżką, zmiksuj z bananami i karobem do uzyskania konsystencji musu. Koktajl możesz posypać ulubionymi pokruszonymi orzechami.

KOKTAJLE KREMOWE

DESEROWE KREMY UZYSKASZ, ZAGĘSZCZAJĄC KOKTAJL ODPOWIEDNIMI SKŁADNIKAMI LUB REZYGNUJĄC Z ROZCIEŃCZANIA GO WODĄ CZY INNYMI PŁYNAMI. ZNAKOMICIE SMAKUJĄ WYJADANE ŁYŻECZKĄ Z PUCHARKÓW, ALE MOŻNA JE TEŻ ZASTOSOWAĆ JAKO PASTĘ KANAPKOWĄ CZY NALEŚNIKOWĄ LUB SŁODKI DIP DO SUROWYCH WARZYW.

KOKTAJL CZEKOLADOWO-MIĘTOWY

Składniki na 1-2 porcje:

awokado, 2 łyżki naturalnego kakao (zmielonych ziaren kakaowca), szklanka mleka owsianego lub ryżowego, 6 listków świeżej mięty, łyżka miodu

Awokado przekrój na pół wzdłuż pestki i wybierz miąższ łyżką. Umyj liście mięty i zmiksuj. Posyp kruszonymi ziarnami kakaowca.

KREM KASZTANOWY

Składniki na 1-2 porcje:

szklanka upieczonych, obranych kasztanów jadalnych, szklanka mleka kokosowego, 1/2 łyżeczki sproszkowanej wanilii, 2 łyżki miodu

Wszystkie składniki starannie zmiksuj i pij na zdrowie.

KOKTAJL O SMAKU GUMY BALONOWEJ

Składniki na 1-2 porcje:

2 dojrzałe banany, 2 jabłka, łyżeczka startego korzenia imbiru, kilka świeżych liści mięty lub, suszonych, pokruszonych (opcjonalnie), szklanka mleka owsianego

Umyj owoce, usuń z jabłek gniazda nasienne. Zmiksuj wszystkie składniki.

CZEKOLADOWE BURAKI Z CHILI

Składniki na 1-2 porcje:

1/2 surowego buraka, dojrzały banan, 1-2 łyżki naturalnego kakao (zmielonych ziaren kakaowca) lub karobu, łyżka oleju kokosowego, szczypta chili

Obierz buraka i banana. Zmiksuj wszystkie składniki na aksamitny i kremowy mus.

KOKTAJLOWE PUDDINGI CHIA

DESER Z PUDDINGIEM CHIA WARTO PODAWAĆ W PRZEZROCZYSTYM NACZYNIU, UKŁADAJĄC WARSTWOWO POSZCZEGÓLNE SKŁADNIKI (CHIA, MUSY I OWOCE). PUDDING UŁÓŻ JAKO PIERWSZY LUB OSTATNI ELEMENT KOMPOZYCJI – OBA SPOSOBY SĄ EFEKTOWNE. NACZYNIE MOŻESZ OZDOBIĆ OD WEWNĄTRZ PLASTREM OWOCU (BANANA, KIWI, MANGO, KAKI, ŚWIEŻEJ FIGI) PRZED NAPEŁNIENIEM GO DESEREM.

WIĘCEJ KOKTAJLI Z DYNIĄ ZNAJDZIESZ NA S. 134-135.

PUDDING CHIA Z DATEORADE

Składniki na 1-2 porcje:
3 łyżki nasion chia, szklanka dateorade (3 daktyle zmiksowane ze szklanką wody), banany (opcjonalnie)

Namocz daktyle co najmniej na pół godziny. Zmiksuj dateorade, czyli wodę z daktylami do uzyskania lekkiego koktajlu z pianką. Dokładnie wymieszaj z nasionami chia. Przelej do szklanki lub słoika i odstaw do lodówki na kilka godzin. W tym czasie zamieszaj pudding kilka razy do uzyskania odpowiedniej konsystencji. Przed podaniem opcjonalnie ułóż na wierzchu plastry banana lub bananowy mus. Możesz też ozdobić szklankę plastrami banana od wewnątrz.

POMARAŃCZOWA STRACCIATELLA

Składniki na 1-2 porcje:
3 łyżki nasion chia, szklanka soku pomarańczowego (świeżo wyciśniętego lub tłoczonego niepasteryzowanego), pomarańcza, łyżka pokruszonych ziaren kakaowca, łyżka miodu (opcjonalnie)

Sok pomarańczowy wymieszaj dokładnie z nasionami chia. Zawiesinę możesz dosłodzić miodem. Przelej do słoika i odstaw do lodówki na kilka godzin. Kilkakrotnie zamieszaj pudding do uzyskania odpowiedniej konsystencji. Przed podaniem wymieszaj deser z ziarnami kakaowca i kawałkami wyfiletowanej świeżej pomarańczy.

DYNIOWY PUDDING CHIA

Składniki na 1-2 porcje:
3 łyżki nasion chia, szklanka mleka roślinnego (np. kokosowego), 1/2 szklanki piure z dyni, 2 łyżki miodu, łyżeczka przyprawy do pierników (lub 1/2 łyżeczki cynamonu, po szczypcie: kardamonu, mielonych goździków, mielonego imbiru, mielonej gałki muszkatołowej)

Wymieszaj dokładnie nasiona chia z mlekiem kokosowym (lub z innym roślinnym) oraz łyżką miodu. Przelej do szklanki lub słoika i odstaw do lodówki na kilka godzin. Pamiętaj o mieszaniu puddingu, aby uzyskać odpowiednią konsystencję. Podawaj z warstwą piure z dyni, doprawiony miodem i przyprawami.

Przepisy na śniadaniowe puddingi chia znajdziesz na s. 42-43.

Dateorade to mocno energetyczny napój, zawierający wiele błonnika, witamin (zwłaszcza B_3) i związków mineralnych (szczególnie potasu).

PUDDING CHIA PIÑA COLADA

Składniki na 1-2 porcje:

3 łyżki nasion chia, szklanka mleka kokosowego, 2 plastry świeżego dojrzałego ananasa grubości ok. 2 cm, łyżka miodu (opcjonalnie), płatki kokosa lub wiórki kokosowe do dekoracji

Wymieszaj nasiona chia z mlekiem kokosowym. Przelej do szklanki lub słoika i odstaw na kilka godzin do lodówki. Mieszaj pudding do uzyskania odpowiedniej konsystencji. Usuń skórę z plastrów ananasa, wykrój twardy środek, zmiksuj na mus, dosładzając ewentualnie miodem. Nie ma takiej potrzeby, gdy ananas jest dojrzały i słodki. Układaj w formie warstwowej: najpierw mus ananasowy, potem pudding chia. Posyp prażonymi płatkami z kokosa lub wiórkami kokosowymi.

KOKTAJLE DESEROWE Z DODATKIEM KASZ

KASZE TO IDEALNY PRODUKT DESEROWY. SMAKUJĄ WYBORNIE TAKŻE NA SŁODKO, A PRZY TYM SĄ ZDROWE I POŻYWNE. SPRÓBUJ KOKTAJLI Z KASZĄ JAGLANĄ, NIEPALONĄ GRYCZANĄ CZY RAZOWYM KUSKUSEM.

DYNIOWO-BANANOWA GRYCZANKA NA SŁODKO

Składniki na 1-2 porcje:

1/2 szklanki kaszy gryczanej niepalonej, 1/2 szklanki mleka kokosowego, dojrzały banan, kawałek surowej dyni o mocno pomarańczowym miąższu (ok. 3 cm x 3 cm x 3 cm), 1/2 łyżeczki cynamonu, szczypta gałki muszkatołowej, 1-2 łyżki syropu klonowego, kilka orzechów nerkowca, kilka suszonych owoców morwy (do dekoracji)

Opłucz i namocz kaszę gryczaną – najlepiej dzień wcześniej. Zwiększy objętość i zmięknie. Zmiksuj odsączoną kaszę z pozostałymi składnikami do uzyskania konsystencji gęstego musu.

KUSKUSOWY MUS SZARLOTKOWY

Składniki na 1-2 porcje:

4 łyżki razowego kuskusu, dojrzały banan, 2 jabłka, łyżeczka cynamonu, szczypta kardamonu, łyżka soku z cytryny, łyżka miodu (lub syropu klonowego)

Zalej kuskus wrzątkiem, przykryj i odstaw na kilka minut, aż zwiększy objętość. Obierz jabłka i usuń z nich gniazda nasienne. Zmiksuj wszystkie składniki na gęsty, jednolity mus.

Przepisy na śniadaniowe koktajle z kaszą gryczaną znajdziesz na s. 36–37, a z kaszą jaglaną na s. 38–39.

MORELOWA JAGLANKA

Składniki na 1-2 porcje:

1/2 szklanki ugotowanej kaszy jaglanej, banan, pomarańcza, 6 suszonych moreli (+ 2 morele do ozdoby), 1/2 szklanki mleka ryżowego, łyżka miodu (lub syropu klonowego)

Namocz morele w ciepłej wodzie – co najmniej na godzinę. Po odsączeniu zmiksuj wszystkie składniki. Deser podawaj schłodzony z posiekanymi morelami. Kupuj morele niesiarkowane, nie są pomarańczowe, ale dużo zdrowsze i pyszne.

KREM KASZTANOWY Z KASZĄ JAGLANĄ

Składniki na 1-2 porcje:

1/4 szklanki ugotowanej kaszy jaglanej, szklanka upieczonych kasztanów jadalnych, 1/2 szklanki mleka kokosowego, łyżka naturalnego kakao (zmielonych ziaren kakaowca) lub karobu, 1/2 łyżeczki sproszkowanej wanilii, szczypta sproszkowanego imbiru, łyżka miodu (lub syropu klonowego)

Zmiksuj wszystkie składniki do konsystencji kremu, skosztuj i w razie potrzeby dosłódź odpowiednią ilością miodu lub syropu klonowego.

DESEROWE KOKTAJLE KAWOWE

KAWA MOŻE BYĆ PYSZNYM DESEREM, GDY WZBOGACISZ JĄ SMACZNYMI DODATKAMI. KOKTAJL KAWOWY TO IDEALNA PROPOZYCJA NA POPOŁUDNIE.

KAWOWE DATEORADE

Składniki na 1-2 porcje:

filiżanka mocnego espresso, szklanka dateorade (3 daktyle + szklanka wody)

Namocz daktyle co najmniej na pół godziny. Zmiksuj dateorade, czyli wodę z daktylami, do uzyskania lekkiego koktajlu z pianką. Dodaj kawę, wymieszaj i rozkoszuj się smakiem deseru.

KAROBOWE LATTE

Składniki na 1-2 porcje:

1/2 szklanki mleka sojowego, 1/2 szklanki gorącej kawy z ekspresu, łyżka melasy z karobu, szczypta sproszkowanej wanilii, szczypta kardamonu

Mleko sojowe wlej do słoika, zakręć i mocno potrząsaj, aby się ubiło. Połącz z pozostałymi składnikami i rozkoszuj się smakiem.

Karob jest bogaty w naturalny cukier, wapń i minerały oraz reguluje pracę jelit i poprawia trawienie. Nie zawiera cholesterolu. W smaku słodki, pozbawiony goryczy kakao.

WIĘCEJ PRZEPISÓW NA DESEROWE KOKTAJLE Z KAROBEM NA S. 192-193.

BANANOWE LATTE OWSIANE

Składniki na 1-2 porcje:
filiżanka mocnego espresso, szklanka mleka owsianego, dojrzały banan, 1/2 łyżeczki sproszkowanej wanilii, 1/4 łyżeczki cynamonu, szczypta kardamonu

Świeżo zaparzone espresso zmiksuj z pozostałymi składnikami – oprócz mleka roślinnego. Kawę wlej do przezroczystego naczynia i dodaj mleko. Powinno spływać delikatnie po ściance lub łyżeczce, tworząc warstwy kawy i mleka.

DYNIOWE LATTE

Składniki na 1-2 porcje:
filiżanka mocnego espresso, 1/2 szklanki mleka sojowego (lub owsianego), 1/2 szklanki piure z dyni, łyżeczka przyprawy do pierników (lub 1/2 łyżeczki cynamonu, po szczypcie: kardamonu, mielonych goździków, mielonego imbiru, mielonej gałki muszkatołowej), łyżka miodu, syropu klonowego, cukru kokosowego lub 1-2 daktyle dodane do miksowania (opcjonalnie)

Mleko roślinne wlej do słoika, zakręć i mocno potrząsaj, aby się ubiło. Pozostałe składniki zmiksuj do uzyskania konsystencji koktajlu i połącz ze spienionym mlekiem. Posłódź w razie potrzeby.

KOKTAJLE Z MASŁEM ORZECHOWYM

MASŁO ORZECHOWE TO ORZECHY ZMIKSOWANE DO KONSYSTENCJI MASŁA. NAJPOPULARNIEJSZE JEST MASŁO Z ORZECHÓW ARACHIDOWYCH, ALE SMACZNE SĄ TAKŻE: MIGDAŁOWE, Z ORZECHÓW NERKOWCÓW CZY ORZECHÓW LASKOWYCH. TO PYSZNY I ZDROWY PRODUKT, JEŚLI W SKŁADZIE PRZEWAŻAJĄ ORZECHY, NIE MA CUKRU I JEST NIEWIELE SOLI. TAKIE MASŁO MOŻESZ PRZYGOTOWAĆ SAMODZIELNIE. MIKSUJ ORZECHY, AŻ WYDZIELĄ OLEJ I POWSTANIE PASTA.

KREM DAKTYLOWO-ORZECHOWY

Składniki na 1-2 porcje:

2 łyżki masła orzechowego (arachidowego), 4 suszone daktyle, 3 łyżki ugotowanej kaszy jaglanej, dojrzały banan, szklanka mleka ryżowego

Namocz daktyle co najmniej na pół godziny, odsącz je i zmiksuj z pozostałymi składnikami.

SŁONECZNY DESER NA ZDROWIE

Składniki na 1-2 porcje:

3 łyżki masła z nerkowców, 2 dojrzałe banany, dojrzałe mango, szklanka mleka ryżowego, 1/2 łyżeczki kurkumy

Mango przekrój przed pestką, natnij miąższ w szachownicę i odkrój. Zmiksuj wszystkie składniki.

TAHINI możesz przygotować samodzielnie, dysponując bardzo dobrym blenderem. Zmiel podprażony wcześniej biały sezam do konsystencji gładkiej pasty.

OCHOTA NA ZDROWĄ SŁODYCZ

Składniki na 1-2 porcje:
łyżka masła migdałowego, 2 jabłka, 3 daktyle, szklanka mleka migdałowego, 1/2 łyżeczki cynamonu

Obierz jabłka i usuń z nich gniazda nasienne. Zmiksuj wszystkie składniki. Jeśli używasz suszonych daktyli, wcześniej namocz je na kilkanaście minut w wodzie.

KOKTAJLOWY PATENT NA PAMIĘĆ I KONCENTRACJĘ

Składniki na 1-2 porcje:
łyżka tahini, łyżka masła orzechowego, 2 łyżki naturalnego kakao (zmielonych ziaren kakaowca) lub karobu, dojrzały banan, szklanka mleka sojowego

Zmiksuj wszystkie składniki do konsystencji koktajlu.

DESEROWE PRZEKŁADAŃCE

ZWYKŁY KOKTAJL CZY MUS MOŻE STAĆ SIĘ DZIEŁEM SZTUKI, GDY ODPOWIEDNIO GO ZAPREZENTUJESZ. PODCZAS NAKŁADANIA JEDNEJ WARSTWY NA DRUGĄ PAMIĘTAJ, ABY ROBIĆ TO DELIKATNIE, NAJLEPIEJ WSTAWIĆ POPRZEDNIĄ WARSTWĘ NA PARĘ MINUT DO ZAMRAŻARKI ALBO POSYPAĆ NA PRZYKŁAD WIÓRKAMI KOKOSOWYMI, ŻEBY KOLEJNY ELEMENT NIE POŁĄCZYŁ SIĘ Z POPRZEDNIM. DO PRZYGOTOWYWANIA KOKTAJLI WIELOWARSTWOWYCH BARDZIEJ WSKAZANE SĄ OWOCE MROŻONE, GDYŻ POSZCZEGÓLNE ELEMENTY MAJĄ GĘSTSZĄ KONSYSTENCJĘ I DUŻO ŁATWIEJ UKŁADAĆ WARSTWY.

KOKTAJL BIAŁO-CZERWONY

Składniki:
na warstwę czerwoną: szklanka truskawek, 2 łyżki syropu klonowego (lub miodu)
na warstwę białą: dojrzały banan, 1/2 szklanki mleka kokosowego, szczypta sproszkowanej wanilii

Zmiksuj oddzielnie składniki na każdą warstwę. Nakładaj delikatnie białą warstwę na czerwoną w przezroczystym naczyniu.

ZIELONO-RÓŻOWA IMPRESJA

Składniki:
na warstwę zieloną: 1/2 dojrzałego awokado, garść świeżego szpinaku, 1/2 szklanki wody
na warstwę różową: 1/2 szklanki malin, 2 dojrzałe banany, 1/2 szklanki wody

Awokado przekrój na pół wzdłuż pestki i wybierz miąższ łyżką. Umyj liście szpinaku i maliny. Zmiksuj oddzielnie składniki na każdą warstwę. Układaj delikatnie kolejne warstwy w przezroczystym naczyniu.

OWOCOWA TĘCZA

Składniki:

na warstwę beżową: dojrzały banan, daktyl

na warstwę żółtą: dojrzałe mango

na warstwę pomarańczową: dojrzała persymona (kaki)

na warstwę czerwoną: 1/2 szklanki truskawek lub malin, łyżka miodu

na warstwę fioletową: 1/2 szklanki owoców leśnych, łyżka miodu

na warstwę ciemnofioletową: 1/2 szklanki owoców leśnych, garść szpinaku

na warstwę zieloną: kiwi, 1/2 ogórka

na warstwę zielono-niebieską: łyżeczka spiruliny, dojrzały banan

Umyj i obierz owoce, zmiksuj oddzielnie składniki na każdą warstwę. Układaj delikatnie jedną warstwę na drugiej w przezroczystym naczyniu.

TRÓJKOLOROWIEC

Składniki:

na warstwę zieloną: 3 kiwi, garść szpinaku

na warstwę żółtą: plaster świeżego ananasa (grubości ok. 2 cm), pomarańcza

na warstwę czerwoną: 1/2 szklanki mrożonych malin, truskawek lub poziomek, dojrzały banan (lub 1/2 awokado)

Umyj i obierz owoce, zmiksuj oddzielnie składniki na każdą warstwę. Układaj delikatnie kolejne warstwy w przezroczystym naczyniu.

DESEROWE KISIELE Z SIEMIENIA LNIANEGO

TAKI KISIEL JEST ŁATWY DO PRZYGOTOWANIA. WYSTARCZY ZALAĆ BARDZO CIEPŁĄ WODĄ 2-3 ŁYŻKI SIEMIENIA LNIANEGO (CAŁE ZIARNA) I ODSTAWIĆ PRZYNAJMNIEJ NA GODZINĘ. PO PRZECEDZENIU ZAWIESINY KISIEL JEST GOTOWY. MOŻNA JEŚĆ GO RAZEM Z ZIARNAMI LNU, KTÓRE NIE SĄ TRAWIONE. CENNE WŁAŚCIWOŚCI ODŻYWCZE MA WYŁĄCZNIE KISIEL.

Kurkuma i imbir skutecznie wspomagają walkę z rakiem, działając toksycznie na komórki nowotworowe. Mają także właściwości antyoksydacyjne i przeciwzapalne.

KISIEL AFRODYTY

Składniki na 1-2 porcje:

szklanka kisielu z siemienia lnianego, 2 kaki, 1/2 łyżeczki sproszkowanej wanilii, łyżka ziarenek granatu (do posypania)

Zmiksuj kisiel lniany z obranymi ze skórki owocami kaki i wanilią. Podawaj posypany ziarnami granatu.

KISIEL BANANOWY Z BAKALIAMI

Składniki na 1-2 porcje:

szklanka kisielu z siemienia lnianego, 2 dojrzałe banany, garść bakalii i suszonych owoców: migdały, orzechy włoskie, orzechy laskowe, brazylijskie, słonecznik, suszone daktyle, morele, figi, rodzynki, żurawina, śliwki (opcjonalnie), szczypta cynamonu, szczypta kardamonu, szczypta sproszkowanej wanilii (opcjonalnie)

Wybierz garść ulubionych bakalii i suszonych owoców oraz przyprawy. Zmiksuj wszystko z kisielem lnianym i bananami. Aby uzyskać deser z wyraźnie wyczuwalnymi bakaliami, zmiksuj najpierw banany z przyprawami i kisielem z siemienia, a następnie dodaj posiekane drobno bakalie i wymieszaj.

PRZECIWNOWOTWOROWY KISIEL LNIANY

Składniki na 1-2 porcje:

szklanka kisielu z siemienia lnianego, dojrzały banan, 1/2 cytryny, łyżeczka kurkumy, 1/2 łyżeczki sproszkowanego imbiru

Wyciśnij sok z cytryny, zmiksuj z pozostałymi składnikami do uzyskania konsystencji kisielu.

GRUSZKOWY KISIEL LNIANY

Składniki na 1-2 porcje:

szklanka kisielu z siemienia lnianego, 2 gruszki, łyżka miodu, szczypta sproszkowanego imbiru, pokruszone ziarna kakaowca (do posypania)

Obierz gruszki i usuń z nich gniazda nasienne. Zmiksuj z pozostałymi składnikami i posyp przed podaniem ziarnami kakaowca.

DESERY À LA PIÑA COLADA

PIÑA COLADA TO BARDZO POPULARNY DRINK, PRZYGOTOWYWANY Z BIAŁEGO RUMU, MLEKA KOKOSOWEGO I SOKU ANANASOWEGO. POLECAMY BEZALKOHOLOWĄ WERSJĘ TEGO KOKTAJLU, KTÓREJ ODMIAN MOŻNA MNOŻYĆ BEZ LIKU, A KAŻDA JEST PYSZNA I SMAKUJE WAKACJAMI.

ZDROWA PIÑA COLADA

Składniki na 1-2 porcje:

1/2 szklanki soku ananasowego, 1/2 szklanki mleka kokosowego, 1/2 szklanki lodu, łyżka miodu lub syropu klonowego (opcjonalnie)

Zmiksuj wszystkie składniki na puszysty koktajl. Opcjonalnie dosłódź miodem lub syropem klonowym. Ozdób przed podaniem kawałkiem świeżego ananasa, pij mocno schłodzony.

LNIANO-OWSIANA PIÑA COLADA

Składniki na 1-2 porcje:

szklanka kisielu z siemienia lnianego, 2 łyżki płatków owsianych, 2 plastry świeżego ananasa grubości ok. 2 cm, szklanka mleka kokosowego, 3 daktyle (opcjonalnie)

Plastry ananasa obierz ze skóry, wykrój twardy środek. Zmiksuj z pozostałymi składnikami. Daktyle pomogą dosłodzić koktajl. Jeśli używasz suszonych, wcześniej namocz je na kilkanaście minut w wodzie.

PIÑA COLADA Z WIÓRKÓW KOKOSOWYCH

Składniki na 1-2 porcje:

2 dojrzałe banany, 2 plastry świeżego ananasa grubości ok. 2 cm, 3 łyżki wiórków kokosowych, szklanka wody, 3 daktyle (opcjonalnie)

Plastry ananasa obierz ze skóry, wykrój twardy środek. Zmiksuj z pozostałymi składnikami do uzyskania jednolitej konsystencji. Daktyle pomogą dosłodzić koktajl. Jeśli używasz suszonych, wcześniej namocz je na kilkanaście minut w wodzie.

POMARAŃCZOWA PIÑA COLADA

Składniki na 1-2 porcje:

2 plastry świeżego ananasa grubości ok. 2 cm, dojrzały banan, 1/2 szklanki mleka kokosowego, 1/2 szklanki świeżo wyciśniętego soku pomarańczowego lub gotowego niepasteryzowanego, ziarna granatu do ozdoby (opcjonalnie)

Plastry ananasa obierz ze skóry, wykrój twardy środek. Zmiksuj wszystkie składniki na puszysty koktajl. Przed podaniem ozdób plastrem świeżej pomarańczy i ziarnami granatu. Pij mocno schłodzone.

KOKTAJLE ORZEŹWIAJĄCE I LODY

WIĘKSZOŚCI Z NAS LATO KOJARZY SIĘ Z PYSZNYMI, OWOCOWYMI, KOLOROWYMI KOKTAJLAMI, NAJLEPIEJ SCHŁODZONYMI I Z KOSTKAMI LODU. O TEJ PORZE ROKU NIE BRAKUJE ŚWIEŻYCH OWOCÓW, JAK PORZECZKI, MALINY, TRUSKAWKI, WIŚNIE, CZEREŚNIE, MORELE, JEŻYNY. W UPAŁY POLECAMY PRZYRZĄDZONE SAMODZIELNIE WODY SMAKOWE, A TAKŻE ORZEŹWIAJĄCE KOKTAJLE. SPRAWDZĄ SIĘ TEŻ RÓŻNEGO RODZAJU LEMONIADY, KOKTAJLE Z DODATKIEM OWOCÓW BOGATYCH W WODĘ, NA PRZYKŁAD ARBUZA CZY MELONA, ORAZ... LODY.

LETNIE KOKTAJLE Z ARBUZAMI I MELONAMI

ARBUZY I MELONY IDEALNIE NADAJĄ SIĘ DO PRZYGOTOWANIA LETNICH, ORZEŹWIAJĄCYCH KOKTAJLI. SKŁADAJĄ SIĘ PRZEDE WSZYSTKIM Z WODY, WIĘC DOSKONALE NAWADNIAJĄ ORGANIZM, MAJĄ PRZY TYM NIEWIELE KALORII, ZA TO DUŻO WITAMIN I SKŁADNIKÓW ODŻYWCZYCH. MELONY REDUKUJĄ STRES ORAZ ZMĘCZENIE, A ARBUZY OBNIŻAJĄ CIŚNIENIE I POZIOM CHOLESTEROLU. OWOCE TE, DZIĘKI SPOREJ ILOŚCI BŁONNIKA, REGULUJĄ TRAWIENIE, UAKTYWNIAJĄC FLORĘ BAKTERYJNĄ W JELITACH.

ORZEŹWIAJĄCY SMAK LATA

Składniki na 1-2 porcje:

1/4 arbuza, cytryna, 6 świeżych liści melisy

Wyciśnij sok z cytryny, zmiksuj go z liśćmi melisy i świeżym arbuzem obranym ze skóry.

BURACZANY ARBUZ MIĘTOWY

Składniki na 1-2 porcje:

1/4 arbuza, burak, garść świeżych liści mięty, 100-200 ml wody (opcjonalnie)

Obierz buraka i zmiksuj z umytymi liśćmi mięty oraz kawałkami arbuza. Możesz wykorzystać arbuza z pestkami. Jeśli mikser nie poradzi sobie z nimi, przecedź koktajl przez sito. Do zbyt gęstego koktajlu dolej wodę, ponownie zmiksuj – nie straci smaku.

DYNIOWA ARBUZADA

Składniki na 1-2 porcje:

1/4 arbuza, 1/8 dyni, 2 łyżeczki cynamonu, 100 ml wody gazowanej, łyżka miodu, łyżka naturalnego kakao (zmielonych ziaren kakaowca) lub karobu

Miąższ dyni (bez pestek) zmiksuj z miąższem arbuza (bez pestek), dodaj pozostałe składniki i zmiksuj ponownie do uzyskania jednolitej konsystencji.

ARBUZOWE MOJITO

Składniki na 1-2 porcje:

1/4 arbuza, garść świeżych liści mięty, limonka, miód, syrop klonowy lub inny zdrowy słód (opcjonalnie)

Wyciśnij sok z limonki, zmiksuj z umytymi liśćmi mięty i arbuzem obranym ze skóry. Posłódź do smaku.

WAKACYJNA FASCYNACJA

Składniki na 1-2 porcje:

1/4 arbuza, 2 szklanki truskawek

Umyte truskawki bez szypułek zmiksuj z miąższem arbuza pozbawionym pestek. Gdy jest bardzo gorąco, pod koniec miksowania wrzuć kilka kostek lodu. To połączenie smaków nie wymaga żadnych dodatków. Jest idealne.

KREMOWY MELON

Składniki na 1-2 porcje:

1/2 melona (np. kantalup), 1/2 awokado, banan, garść rukoli, garść szpinaku, łuskane ziarna kakaowca (opcjonalnie)

Awokado przekrój na pół wzdłuż pestki i wybierz miąższ łyżką, zmiksuj z miąższem melona bez pestek, umytymi liśćmi rukoli i szpinaku oraz dojrzałym bananem. Smak koktajlu podkreśli gorzko-czekoladowy aromat łuskanych ziaren kakaowca. Warto nimi posypać napój przed podaniem.

EGZOTYCZNA BRYZA

Składniki na 1-2 porcje:

1/2 melona (np. miodowego), pomarańcza, cytryna

Wyciśnij sok z cytryny i pomarańczy, zmiksuj z miąższem melona (bez pestek) do uzyskania jednolitej konsystencji. Gdy jest bardzo gorąco, pod koniec miksowania wrzuć kilka kostek lodu.

LETNIE JABŁUSZKO

Składniki na 1-2 porcje:

1/4 arbuza, jabłko, garść świeżych liści mięty, 2 łyżki płatków migdałów, szklanka kostek lodu, łyżeczka miodu (opcjonalnie), łyżeczka płatków migdałów (do posypania)

Obierz jabłko i usuń z niego gniazdo nasienne, wypestkuj arbuza i zmiksuj owoce ze świeżymi liśćmi mięty, płatkami migdałów oraz kostkami lodu. W razie potrzeby dosłódź miodem. Przed podaniem posyp płatkami migdałów.

Zawsze zwracaj uwagę na stopień dojrzałości owoców. Najsmaczniejsze koktajle powstają z najbardziej dojrzałych.

LEMONIADY

LEMONIADA NIEGDYŚ NAZYWANA BYŁA „NEKTAREM" LUB „PERSKIM SORBETEM". W ORYGINALE TO ZIMNY NAPÓJ Z WODY, CYTRYNY I CUKRU. IDEALNY NA UPAŁY, ZNAKOMICIE ORZEŹWIA. DO SŁODZENIA NAJLEPIEJ WYKORZYSTAĆ ZDROWE ZAMIENNIKI CUKRU, CZYLI MIÓD, DAKTYLE, SYROP KLONOWY I INNE.

MIĘTOWA LIMONKA

Składniki na 4-6 porcji:

pomarańcza, cytryna, limonka, litr wody, 2 łyżki miodu, kilka listków mięty, kostki lodu według uznania

Cytrynę, pomarańczę i limonkę przekrój na pół, odkrój po 1-2 plasterki, z reszty wyciśnij sok. Wymieszaj sok z wodą i miodem, dodaj plasterki cytrusów, miętę oraz kostki lodu i gotowe.

ARBUZADA

Składniki na 4-6 porcji:

1/2 arbuza, 2 cytryny, 1/2 litra wody

Wyciśnij sok z cytryn, zmiksuj go z arbuzem. Jeśli arbuz miał pestki, przecedź uzyskany napój przez sito, uzupełnij wodą i wymieszaj. Lemoniadę arbuzową podawaj mocno schłodzoną. Jeżeli arbuz jest dojrzały, nie trzeba dosładzać napoju.

OGÓRKOWA LEMONIADA

Składniki na 4-6 porcji:

ogórek gruntowy, 2 cytryny, 3 łyżki miodu, litr wody, kilka listków mięty, kostki lodu według uznania

Ogórka umyj i pokrój w plasterki bez obierania, podobnie jedną cytrynę. Z drugiej cytryny wyciśnij sok. Dodaj miód. Zalej wodą. Wrzuć miętę, kostki lodu i pij na zdrowie.

MELONADA

Składniki na 4-6 porcji:

1/2 melona zielonego, garść świeżych liści bazylii, 2 limonki, litr wody, kostki lodu według uznania, łyżka miodu (opcjonalnie)

Zmiksuj melona bez skóry i pestek z liśćmi bazylii oraz wyciśniętym sokiem z limonki. Dodaj wodę i wymieszaj. Lemoniada nie jest klarowna, skosztuj i w razie potrzeby dosłódź miodem. Podawaj schłodzoną z kostkami lodu.

LIMONKĘ możesz zastąpić cytryną, ale najsmaczniejsza jest lemoniada melonowo--limonkowa.

KOKTAJLOWE WODY SMAKOWE

PICIE WODY SMAKOWEJ, KTÓRA NIE MA CHEMICZNYCH DODATKÓW, A SMAK I KOLOR ZAWDZIĘCZA ŚWIEŻYM OWOCOM I WARZYWOM, PRZYSPIESZA TRAWIENIE, OCZYSZCZA Z TOKSYN, POPRAWIA ODPORNOŚĆ I WSPOMAGA ODCHUDZANIE. W DODATKU TAKA WODA JEST PYSZNA. SPRÓBUJ!

OGÓRKOWE NAWODNIENIE

Składniki na 4-6 porcji:

2 ogórki gruntowe, 2 gałązki mięty, 3 plasterki cytryny, łyżka miodu, litr wody, kostki lodu (opcjonalnie)

Umyj ogórki i nie obieraj ich. Pokrój jednego w cienkie plasterki, drugiego w trochę grubsze. Wrzuć cząstki do dzbanka z wodą razem z umytymi gałązkami mięty, plasterkami cytryny i miodem. Zostaw co najmniej na godzinę w lodówce lub temperaturze pokojowej. Podawaj lemoniadę w wysokich szklankach z kostkami lodu i cząstkami dodatków smakowych z dzbanka.

WODA SMAKOWA NA LEPSZE TRAWIENIE

Składniki na 4-6 porcji:

2-3 gałązki rozmarynu, garść owoców: truskawki, maliny, czerwone porzeczki, borówki (opcjonalnie), kiwi, litr wody, kostki lodu (opcjonalnie)

Umyj owoce i rozmaryn. Obierz kiwi i pokrój w plasterki. Nalej wody do naczynia z wszystkimi składnikami i wstaw do lodówki na kilka godzin (najlepiej na całą noc). Wymieszaj całość, ewentualnie dodaj kostki lodu i gotowe.

CYTRUSOWA EKSPLOZJA SMAKÓW

Składniki na 4-6 porcji:

pomarańcza, cytryna, grejpfrut, limonka, 2 łyżki miodu, litr wody, kostki lodu (opcjonalnie)

Pokrój wszystkie cytrusy w cienkie plasterki i zalej wodą z miodem, a następnie wstaw do lodówki na kilka godzin (najlepiej na całą noc). Serwuj w wysokich szklankach z lodem i plasterkami cytrusów z dzbanka.

ODPRĘŻAJĄCO-USPOKAJAJĄCA WODA OGÓRKOWA

Składniki na 4-6 porcji:

cytryna, 3 ogórki gruntowe, garść świeżej melisy, litr wody, kostki lodu (opcjonalnie)

Pokrój cytrynę i ogórki w cząstki, porwij melisę na kawałki, zalej zimną wodą i wstaw do lodówki na kilka godzin (najlepiej na całą noc). Następnie wymieszaj, ewentualnie dodaj kostki lodu i podawaj.

KOKTAJLE CHIA FRESCA

CHIA FRESCA TO MEKSYKAŃSKA LEMONIADA, ZWANA TEŻ ISKIATE. JEST TO NAPÓJ ENERGETYCZNY Z NASIONAMI SZAŁWII HISZPAŃSKIEJ (CHIA) W POŁĄCZENIU Z LIMONKĄ, WODĄ (NAJCZĘŚCIEJ KOKOSOWĄ) ORAZ ODROBINĄ NATURALNEGO SŁODU (NA PRZYKŁAD MIODU, SYROPU KLONOWEGO LUB STEWII). PRZYSPIESZA METABOLIZM, POBUDZA PRZEMIANĘ MATERII ORAZ DODAJE ENERGII, WIGORU I SIŁ WITALNYCH.

WODA SZPARAGOWA

Składniki na 1-2 porcje:

2 łyżki nasion chia, 1/2 limonki (lub cytryny), szklanka ostudzonej wody po szparagach, łyżka słodu – miodu, syropu klonowego lub stewii (opcjonalnie)

Wyciśnij sok z cytrusa i wymieszaj z pozostałymi składnikami, np. w słoiku. Odczekaj kilka minut, aż chia napęcznieją.

ARBUZOWA CHIA FRESCA

Składniki na 4-6 porcji:

4 łyżki nasion chia, 1/2 arbuza, 2 cytryny

Wyciśnij sok z cytryn, zmiksuj go z arbuzem. Jeśli arbuz miał pestki, przecedź napój przez sito. Dodaj nasiona chia i wymieszaj. Odczekaj kilka minut, aż napęcznieją.

LEKKI POCZĄTEK DNIA Z CHIA FRESCA

Składniki na 1-2 porcje:

2 łyżki nasion chia, 1/2 limonki (lub cytryny), szklanka wody (lub wody kokosowej), łyżka słodu – miodu, syropu klonowego lub stewii (opcjonalnie)

Wyciśnij sok z cytrusa i wymieszaj z pozostałymi składnikami, np. w słoiku. Dosłódź w razie potrzeby. Odczekaj kilka minut, aż nasiona chia napęcznieją.

Jeśli nie wypijesz chia fresca od razu, to nasiona szałwii nasiąkną wodą i się zżelują. Użyj podwójnej ilości płynu, jeśli planujesz ją popijać przez cały dzień, chcesz przygotować wcześniej lub odstawić na później. Najsmaczniejsza jest chia fresca z lekko napęczniałymi nasionami, które są chrupiące.

OGÓRKOWO-MIĘTOWA CHIA FRESCA

Składniki na 4-6 porcji:

4 łyżki nasion chia, 6 ogórków gruntowych, 2 garści świeżej mięty, cytryna, 1/2 łyżeczki świeżo startego imbiru, ok. litra wody

Umyj i obierz 5 ogórków, wyciśnij sok z cytryny, dodaj garść mięty oraz imbir i zmiksuj wszystko dokładnie. Ostatniego ogórka pokrój w plasterki bez obierania i razem z garścią umytych liści mięty oraz chia wrzuć do litrowego dzbanka, dolej wody, wymieszaj. Odczekaj, aż nasionka napęcznieją.

LODY OWOCOWE Z MROŻONYMI SKŁADNIKAMI

LODY PRZYGOTOWANE NA BAZIE KOKTAJLI MOŻESZ ZMIKSOWAĆ I NATYCHMIAST PODAWAĆ – POD WARUNKIEM ŻE MASZ W DOMU MROŻONE OWOCE. WARTO O TO ZADBAĆ I ZAMROZIĆ W SEZONIE TRUSKAWKI, MALINY CZY BORÓWKI, A TAKŻE MIEĆ ZAWSZE W ZAPASIE KILKA OBRANYCH, POKROJONYCH NA KAWAŁKI BANANÓW. W KAŻDEJ CHWILI MOŻESZ Z NICH ZROBIĆ PYSZNE LODY, NA PRZYKŁAD DLA NIESPODZIEWANYCH GOŚCI. PODSTAWĄ ICH PRZYGOTOWANIA JEST TEŻ SOLIDNE URZĄDZENIE MIKSUJĄCE, KTÓRE NADAJE SIĘ DO KRUSZENIA LODU.

BAKALIOWY ODLOT

Składniki na 1-2 porcje:

2 mrożone banany w kawałkach, garść bakalii i suszonych owoców (do wyboru: migdały, orzechy włoskie, laskowe i brazylijskie, ziarno słonecznika, suszone daktyle, morele, figi, rodzynki, żurawina, śliwki), szczypta cynamonu, szczypta kardamonu, szczypta sproszkowanej wanilii (opcjonalnie)

Garść ulubionych bakalii i suszonych owoców oraz przyprawy zmiksuj z mrożonymi bananami do konsystencji gęstych lodów. Aby uzyskać efekt lodów bakaliowych, z wyraźnie wyczuwalnymi cząstkami, zmiksuj najpierw banany z przyprawami na gładką masę, a następnie dodaj bakalie i zmiksuj tak, aby delikatnie się pokruszyły. Podawaj od razu, pięknie wyglądają udekorowane listkiem mięty.

LODY CHAŁWOWE

Składniki na 1-2 porcje:

2 mrożone banany w kawałkach, 3 duże łyżki tahini, kilka daktyli

Zmiksuj mrożone kawałki banana z tahini i daktylami do uzyskania kremowej masy lodowej. Podawaj natychmiast. Suszone daktyle przed miksowaniem namocz na kilkanaście minut w wodzie.

LIMONKOWY MUS

Składniki na 1-2 porcje:

2 mrożone banany w kawałkach, 1/2 awokado, 1/2 limonki, łyżka miodu

Przekrój dojrzałe awokado na pół wzdłuż pestki, wydrąż miąższ łyżką, wyciśnij sok z limonki. Zmiksuj wszystkie składniki na kremową masę. Skrop limonką, podawaj zaraz po przygotowaniu.

JAGODOWY ZAWRÓT GŁOWY

Składniki na 1-2 porcje:

2 mrożone banany w kawałkach, garść jagód, kilka pokruszonych pistacji (opcjonalnie)

Zmiksuj mrożone kawałki bananów z prawie całą porcją jagód do uzyskania kremowej konsystencji. Pozostałe jagody dodaj bez miksowania i wymieszaj. Pysznie smakują posypane rozdrobnionymi pistacjami.

Tahini możesz przygotować samodzielnie, w blenderze, w którym potem zmiksujesz lody. Zmiel podprażony wcześniej biały sezam do konsystencji pasty.

Ilości składników podane na s. 222-225 wystarczą na duże porcje lodów podawane w pucharkach lub miseczkach. Nie porównuj ich ze składnikami na lody z koktajli w foremkach (s. 226-235), gdyż foremki mają dużo mniejszą pojemność.

MALINOWA OTCHŁAŃ

Składniki na 1-2 porcje:

150 g mrożonych malin, 3 suszone daktyle, dojrzały banan, 1/2 awokado, łyżka sezamu

Namocz suszone daktyle na kilkanaście minut w ciepłej wodzie i odsącz. Przekrój dojrzałe awokado na pół wzdłuż pestki, wydrąż miąższ łyżką. Zmiksuj z mrożonymi malinami, bananem, sezamem oraz daktylami. Podawaj zaraz po przyrządzeniu. Możesz też użyć świeżych daktyli.

LODY TRUSKAWKOWO-BANANOWE

Składniki na 1-2 porcje:

200 g mrożonych truskawek, dojrzały banan, 1-2 łyżeczki miodu lub syropu klonowego (opcjonalnie)

Zmiksuj mrożone truskawki z bananem, który nada lodom konsystencję bardziej kremową. Jeśli banan jest mało dojrzały lub lody są niezbyt słodkie, dodaj miód lub syrop klonowy. Podawaj od razu.

Podstawą lodów z koktajli są mrożone owoce lub warzywa. Jednak połączenie mrożonego, rozdrobnionego szpinaku ze świeżymi owocami jest oryginalne i naprawdę pyszne.

LODY Z KALAFIORA to najnowszy hit. Koniecznie spróbuj, są pyszne. Ich podstawą jest mrożony kalafior, miksowany z dodatkami słodzącymi i smakowymi.

ZIELONY SZPINAKOWY

Składniki na 1-2 porcje:

200 g mrożonego rozdrobnionego szpinaku, 2 dojrzałe banany, 2 łyżki rodzynek

Zmiksuj mrożoną mieszankę szpinaku z bananem, który nada lodom konsystencję kremu, dodaj rodzynki. Podawaj natychmiast.

LODY Z KALAFIORA

Składniki na 1-2 porcje:

ok. 200 g mrożonego kalafiora, 2 łyżki naturalnego kakao (zmielonych ziaren kakaowca) lub karobu, łyżka cynamonu, 2 łyżki syropu klonowego, 1/2 łyżeczki sproszkowanej wanilii (opcjonalnie)

Zmiksuj mrożony kalafior z kakao lub karobem oraz cynamonem i syropem klonowym. Jeśli wolisz słodszy smak, dodaj więcej syropu klonowego. Nie obawiaj się, lody nie mają kalafiorowego smaku.

LODY OWOCOWE – ZIELONE I NIEZIELONE

LODY KOKTAJLOWE Z OWOCÓW O DUŻEJ ZAWARTOŚCI WODY, NA PRZYKŁAD Z ARBUZA, TRUSKAWEK, MELONA, MOCNO ZAMARZAJĄ, BARDZIEJ DO KONSYSTENCJI LIZAKA LODOWEGO NIŻ LODÓW. JEŚLI UŻYJESZ OWOCÓW UBOŻSZYCH W WODĘ, JAK BANANY, DAKTYLE (ZWŁASZCZA ŚWIEŻE), UZYSKASZ INNĄ GĘSTOŚĆ. TO IDEALNY ZIMNY I ZDROWY DESER DLA DZIECI!

ARBUZOWE PRZEKĄSKI

Składniki na 6 małych foremek:
ok. 400 g arbuza, 1/2 limonki, 4 listki mięty

Usuń pestki z arbuza, wyciśnij sok z limonki i zblenduj całość z listkami mięty do jednolitej konsystencji. Wlej do foremek na lody i zamroź przynajmniej na kilka godzin.

EGZOTYCZNY DESER

Składniki na 6 małych foremek:

2 dojrzałe mango, 1/2 łyżeczki sproszkowanej wanilii, szczypta kardamonu, 100 ml świeżo wyciśniętego soku pomarańczowego, pokruszone ziarna kakaowca (opcjonalnie)

Mango przekrój wzdłuż przed pestką, natnij miąższ w szachownicę i odkrój. Tak wyfiletowane owoce przypraw i zmiksuj z dodatkiem soku pomarańczowego. Opcjonalnie możesz wrzucić do foremek na lody pokruszone ziarna kakaowca, które potem delikatnie chrupią i nadają gorzki czekoladowy smak. Całość wlej do foremek i zamroź przynajmniej na kilka godzin.

POZIOMKOWO-ARBUZOWE LIZAKI

Składniki na 6 małych foremek:

szklanka poziomek, gruby plaster arbuza, łyżka maku

Umyj poziomki, z arbuza usuń pestki. Zmiksuj owoce z makiem i wlej masę do foremek. Zamroź przynajmniej na kilka godzin. Zamiast poziomek możesz użyć truskawek. Mak nadaje lodom wygląd czerwonych lizaków w kropeczki oraz wzbogaca deser w wapń.

OGÓRKOWE MOJITO

Składniki na 6 małych foremek:

6 ogórków gruntowych, 1/2 cytryny, 4 listki mięty, łyżeczka nasion chia (opcjonalnie), ok. 100 ml wody, 2 łyżeczki miodu (opcjonalnie)

Obierz ogórki, wyciśnij sok z cytryny. Zmiksuj całość z listkami mięty, wodą i opcjonalnie nasionami chia. W zależności od wielkości i mięsistości ogórków możesz dodać mniej wody. Skosztuj i ewentualnie dopraw miodem. Wlej do foremek na lody i zamroź przynajmniej na kilka godzin.

OWOCOWE OBRAZY

Składniki na 6 małych foremek:

sezonowe owoce: truskawki, jagody, maliny, borówki, kiwi (opcjonalnie), 3 listki mięty, 400 ml wody kokosowej

Przygotuj owoce. Jeśli są małe, użyj ich w całości, jeżeli większe, np. kiwi, pokrój na mniejsze cząstki. Porwij na małe kawałeczki listki mięty. Porozdzielaj owoce do foremek na lody i zalej wodą kokosową. Zamroź na co najmniej kilka godzin. Efekt podania będzie oszałamiający! Polecamy!

Pamiętaj, że lody z koktajli są mniej słodkie niż te same koktajle przed zamrożeniem.

W zimie, w środku sezonu, 400 ml soku ze świeżych pomarańczy uzyskasz już nawet z 2 pomarańczy, poza sezonem potrzebujesz około 4 sztuk.

POMARAŃCZOWE MOJITO

Składniki na 6 małych foremek:

400 ml soku z pomarańczy, 1/2 cytryny, 6 listków mięty, 2 łyżeczki miodu (opcjonalnie)

Wyciśnij sok z cytryny. Zmiksuj całość z listkami mięty. Skosztuj i ewentualnie dopraw miodem. Wlej do foremek na lody i zamroź przynajmniej na kilka godzin.

ZIELONY KOKTAJL LODOWY

Składniki na 6 małych foremek:

2 laski selera naciowego, 4 dojrzałe kiwi, dojrzały banan, 100 ml wody

Obierz kiwi i banana ze skórki, umyj seler naciowy. Zmiksuj wszystkie podane składniki do jednolitej konsystencji. Wlej do foremek na lody i wstaw do zamrażalnika.

LODY ZAMIAST OWSIANKI

Składniki na 6 małych foremek:

1/2 szklanki płatków owsianych, 1/2 awokado, zielone jabłko, szczypta soli (najlepiej różowej himalajskiej), 2 łyżeczki miodu, 1/2 cytryny, 100 ml wody

Zalej płatki wrzątkiem i odstaw pod przykryciem. Zacznij przygotowanie lodów, gdy płatki ostygną i rozmiękną. Przekrój dojrzałe awokado na pół wzdłuż pestki, wydrąż miąższ łyżką, wyciśnij sok z cytryny. Zmiksuj wszystkie składniki. Napełnij foremki na lody i wstaw do zamrażalnika.

LIZAKI À LA PIÑA COLADA

Składniki na 6 małych foremek:

1/2 świeżego ananasa, 1/4 szklanki wiórków kokosowych, 250 ml wody, łyżeczka syropu z daktyli bądź z agawy lub innego słodu (opcjonalnie)

Zmiksuj wiórki kokosowe z wodą, aż uzyskasz mleko kokosowe, ale nie odcedzaj go. Obierz ananasa ze skóry (koniecznie dojrzałego, aby był słodki) i połowę owocu zmiksuj z domowym mlekiem kokosowym. W razie potrzeby dosłódź syropem. Wlej do foremek na lody i zamroź. Zamiast wiórków kokosowych z wodą możesz użyć około 300 ml gotowego mlęka kokosowego.

Lody w foremkach w zależności od użytych składników oraz wielkości foremki należy wstawić do zamrażalnika na 4-6 godzin, a najlepiej przygotować je poprzedniego dnia.

FOREMKI NA LODY są dostępne w większości sklepów. Możesz wykorzystać też: opakowania po małych jogurtach i zamrozić w nich koktajl, wkładając wcześniej patyczek. Używając foremek silikonowych, nie potrzebujesz patyczka, bo lody łatwo wysunąć. Efektownie wyglądają też lody zamrożone w pojemnikach na kostki lodu.

LODY WARSTWOWE

WARSTWY KOKTAJLU CZĘSTO ŁĄCZĄ SIĘ ZE SOBĄ I TRUDNO NAŁOŻYĆ JE NA TYLE DELIKATNIE, ABY WYSZŁY IDEALNE. JEST NA TO RADA. WYSTARCZY KAŻDĄ KOLEJNĄ WARSTWĘ NAKŁADAĆ PO KRÓTKIM ZAMROŻENIU POPRZEDNIEJ. PO NAŁOŻENIU JEDNEJ WARSTWY, ODKŁADASZ FOREMKI DO ZAMRAŻARKI NA 10-15 MINUT, DELIKATNIE DODAJESZ KOLEJNĄ WARSTWĘ I ZNOWU WSTAWIASZ FOREMKI DO ZAMRAŻARKI. I TAK AŻ DO NAPEŁNIENIA CAŁEJ FOREMKI. POWODZENIA!

ZIELONY POTWOREK W PASKI

Składniki na 6 małych foremek:

6 kiwi, 200 ml mleka ryżowego, kilka pistacji, szczypta gruboziarnistego, czarnego pieprzu, szczypta kardamonu, łyżka miodu

Zmiksuj każdą warstwę oddzielnie. Na warstwy zielone: samo kiwi, a pozostałe składniki razem. Układając masę w foremkach, spróbuj uzyskać jak najwięcej warstw, przekładając je naprzemiennie zielonym paskiem z kiwi. Pamiętaj o sposobie mrożenia takich lodów.

NAJPROSTSZE LODY TRÓJKOLOROWE

Składniki na 6 małych foremek:

3 dojrzałe kiwi, szklanka truskawek, dojrzałe mango

Każdy owoc tworzy oddzielną warstwę, więc zmiksuj je osobno. Delikatnie ułóż wszystko w foremkach, kolejność warstw jest dowolna.

PSZCZÓŁECZKI

Składniki na 6 małych foremek:

dojrzały banan, 1/4 dojrzałego żółtego melona, 100 ml mleka owsianego, łyżka oleju kokosowego, 2 łyżki naturalnego kakao (zmielonych ziaren kakaowca) lub karobu, łyżka miodu (lub syropu klonowego)

Zmiksuj każdy składnik oddzielnie. Na warstwy żółte: banan z melonem, a pozostałe składniki razem. Układaj w foremkach warstwowo, tak aby żółty pasek był szerszy, a brązowy – węższy, jak u pszczoły. Skorzystaj ze wskazówki o mrożeniu lodów warstwowych.

PATRIOTYCZNE LODY BIAŁO-CZERWONE

Składniki na 6 małych foremek:

szklanka mieszanki czerwonych owoców: truskawek, poziomek, malin, porzeczek, 2 łyżki syropu klonowego, 2 dojrzałe banany, 150 ml mleka kokosowego

Zmiksuj każdy składnik oddzielnie. Na warstwę czerwoną: owoce z syropem klonowym, na warstwę białą: banany z mlekiem kokosowym. Delikatnie rozłóż do foremek, najpierw na spód foremki (czyli górę loda na patyku) warstwę białą, a następnie warstwę czerwoną. Pamiętaj o sposobie mrożenia.

LODY NA MLEKU ROŚLINNYM

DO PRZYGOTOWANIA LODÓW NA MLEKU ROŚLINNYM MOŻESZ UŻYĆ NAPOJU, RÓŻNEGO RODZAJU. NAJCZĘŚCIEJ DOSTĘPNE SĄ MLEKA MIGDAŁOWE, OWSIANE, RYŻOWE, SOJOWE, KOKOSOWE, TAKŻE WZBOGACONE SMAKOWO (ZWYKLE AROMATEM WANILII LUB CYNAMONU) ALBO FORTYFIKOWANE WAPNIEM CZY WITAMINAMI. MOŻESZ TAKŻE ZROBIĆ DOMOWE MLEKO ROŚLINNE. PRZECZYTAJ NA STRONIE 11, W JAKI SPOSÓB.

LODOWE LIZAKI ORZECHOWO--CZEKOLADOWE

Składniki na 6 małych foremek:

200 ml mleka ryżowego, 2 łyżki naturalnego kakao (zmielonych ziaren kakaowca) lub karobu, łyżka masła orzechowego, łyżeczka oleju kokosowego, 2 łyżeczki miodu lub ulubionego syropu, np. z agawy, klonowego lub daktylowego, kilka pokruszonych orzechów (opcjonalnie)

Zmiksuj wszystkie składniki do uzyskania jednolitej konsystencji. Wlej do foremek, opcjonalnie dodaj (najlepiej na dno) kruszone orzechy. Wstaw foremki do zamrażalnika przynajmniej na 4-6 godzin.

KOKOSOWY RAJ

Składniki na 6 małych foremek:

100 ml gęstego mleka kokosowego, 2 dojrzałe banany, 1/2 szklanki wiórków kokosowych, łyżka maku

Zmiksuj mrożonego banana z wiórkami, mlekiem i makiem na gładką masę. Wlej do foremek i wstaw do zamrażalnika na 4-6 godzin. Zamiast wiórków możesz użyć 1/4 świeżego kokosa i zetrzeć go lub zblendować. Mak wzbogaca deser w wapń.

ZIELONA OWSIANKA NA PATYKU

Składniki na 6 małych foremek:

400 ml mleko owsianego, 2 łyżeczki sproszkowanej herbaty matcha, 4 suszone figi

Namocz figi na kilkanaście minut. Odsącz je i zmiksuj z mlekiem owsianym oraz sproszkowaną herbatą matcha. Wlej do foremek i zamroź przynajmniej na 4-6 godzin. Figi możesz opcjonalnie zastąpić suszonymi daktylami.

WANILIOWY MIGDAŁ

Składniki na 6 małych foremek:

250 ml mleka migdałowego, 2 dojrzałe banany, 1/2 łyżeczki sproszkowanej wanilii

Zmiksuj banany z mlekiem i wanilią. Jeśli używasz waniliowego mleka migdałowego, zrezygnuj z dodatkowej wanilii. Wlej do foremek i wstaw do zamrażalnika przynajmniej na 4-6 godzin.

Herbata matcha to sproszkowana szlachetna odmiana zielonej herbaty, która ma dużo właściwości zdrowotnych. Jej listki rosną w cieniu i zawierają bardzo dużo chlorofilu. Pięknie barwi zielone koktajle oraz lody.

INDEKS